Wilhard Becker

Dem Leben eine Perspektive geben

Wandlung und Reife

Verlag Ernst Kaufmann

Die Deutsche Bibliothek - CIP-Einheitsaufnahme

Becker, Wilhard:
Dem Leben eine Perspektive geben: Wandlung und Reife/
Wilhard Becker. - Lahr: Kaufmann, 1993
ISBN 3-7806-2219-X

1. Auflage 1993

Umschlaggestaltung: JAC
Hergestellt bei Präzis-Druck GmbH, Karlsruhe
ISBN 3-7806-2219-X

Inhalt

Vorwort

Überall, wo Leben ist, ist auch Wachstum. Und Wachstum ist verbunden mit Wandlungsprozessen, mit Stufungen, mit Reife und Entwicklung. Wachsen ist nicht nur eine kontinuierliche Erweiterung des Vorhandenen, sondern es vollzieht sich in Schüben, in Reifungsprozessen und Metamorphosen. Nicht nur die Gestalt wandelt sich, sondern auch das Wesen und, wie wir es von der Wandlung der Raupe zum Schmetterling her kennen, manchmal sogar die ganze Lebensart. Wir sind als Menschen den biologischen Wachstumsprozessen unterworfen, aber auch unsere geistige Entwicklung geschieht, wenn sie gesund ist, wachstümlich.

Psychische Wandlungsprozesse sind vieldimensional und nicht einfach dem organischen Wachstum vergleichbar. Es gibt zwar Analogien aus dem biologischen Bereich für die Prozesse der Psyche, aber es sind nur Bilder. Während der Begriff Wachstum mehr den biologischen, sichtbaren Vorgängen zugeordnet ist, vollziehen sich Wandlungen im Unbeobachtbaren, und sind deshalb schwer zu kategorisieren und in bestimmte Raster einzuordnen. Was ein reifer Mensch ist, läßt sich schwer beschreiben, denn die verschiedenen Reifungsprozesse sind kaum vergleichbar. Doch es gibt Beobachtungen und Erfahrungen, die helfen, die Vorgänge in uns selbst besser zu verstehen. Während in der frühen Kindheit Wandlungsprozesse sehr stark von der äußeren Bedingtheit der Umwelt und Erziehung abhängen, können diese Vorgänge mit zunehmendem Alter und zunehmender Reife immer mehr vom Willen des Menschen beeinflußt und gesteuert werden.

Dies gilt besonders auch für die Wandlungen im geistig/geistlichen Bereich. Hier scheint nichts mehr

»normal« zu verlaufen. Es gibt keinen Maßstab, an dem man eine dem Lebensalter entsprechende geistig/geistliche Reife messen könnte. Es gibt nicht bestimmte typische Eigenarten, die jeweils für das neue Leben charakteristisch sind. An dieser Stelle zeigt sich die Originalität, aber auch die Verantwortung jedes einzelnen für seine Persönlichkeitsentwicklung besonders deutlich. Das größte Hindernis für Wandlungen ist unsere Trägheit, die Angst vor Veränderungen, zutiefst auch die Angst vor einer möglichen Isolierung oder einem inneren Chaos. Wandlungen führen uns in unerfahrene Bereiche unseres Lebens. Sie machen den einzelnen für seine Umwelt schwerer verstehbar und für sich selbst gefährdeter. Darum sind verwandelte Menschen selten.

Jeder reflektierende, nachdenkende Mensch kann an sich selbst immer wiederkehrende typische Denk- und Verhaltensmuster erkennen. Aber auch unsere Umwelt erkennt sie. Oft hören wir: »Das ist typisch für ihn«, »es war zu erwarten« oder »das haben wir schon vorher gewußt«. Deshalb ist es nicht verwunderlich, wenn vielfach bezweifelt wird, ob echte Verwandlung überhaupt möglich ist, ob die Wandlung zur reifen Persönlichkeit nicht doch nur eine Illusion, ein frommer Wunsch bleibt.

Alle Gewohnheiten und Verhaltensmuster sowie auch der Erwartungsdruck der Umwelt sprechen gegen einen Wandlungsprozeß. Die meisten Menschen sind eher bereit, sich totzuarbeiten, als sich auf Veränderungen einzulassen und eine Arbeit am eigenen Charakter zu leisten. Jeder Wandlungsprozeß stößt auf zwei elementare Widerstände: Einmal ist es die Umwelt, die jeden auf das Bild fixiert, das sie von ihm gewonnen hat. Sie reagiert auf Veränderung oft mit Skepsis, Zweifeln und Verdächtigungen. Noch hinderlicher aber sind die eigenen Charakterstrukturen, die jeder aufgrund seiner Prägung in der Kindheit entwickelt hat, um mit seiner Angst besser fertig zu werden und sie nicht ständig spüren zu müssen. Der Charakter schützt uns wie ein Panzer, aber er macht uns auch unbeweglicher.

Antrieb und Bereitschaft zur Wandlung geschehen häufig nur unter großem Leidensdruck, wenn die Lebensbedingungen so bedrückend geworden sind, daß ein Bleiben, so wie man ist, unerträglich erscheint.

Der Nachteil einer durch Leidensdruck erzeugten Wandlung besteht darin, daß Rückfälle in alte Verhaltensmuster häufiger vorkommen als bei Wandlungsprozessen, die durch den Sog einer faszinierenden Möglichkeit oder durch ein neues großes Ziel ausgelöst werden. Wandlungen aus Angst sind weniger stabil als Wandlungen aus der Erfahrung der Liebe. Faszination ruft auf einen Weg, Angst treibt aus einer Höhle in die andere.

Auch der Wunsch, sich zu bessern, oder die Suche nach einem tiefen Lebenssinn genügen nicht, um in einen Prozeß der Wandlung einzutreten. Wandlung bedeutet, aus der Ganzheit heraus auf eine Ganzheit hin zu leben. Ganzheit, Vollkommenheit, Heil sind Ausdrücke, die das neue Leben in seinem Inhalt beschreiben. Der Apostel Paulus beschreibt die Vollkommenheit mit Ausdrücken wie Friede, Freude, Geduld, Freundlichkeit, Güte usw. Sie sind Wesensmerkmale des Geistes, der im Menschen, der sich ihm öffnet, die wahren Wesenszüge eines neuen Menschen zum Ausdruck bringt.

Das humanistische Ideal von Weisheit und Güte kann in diesen Begriffen mitgesehen werden. Doch während der natürliche Mensch durch Veranlagung und Prägung in seinen Entwicklungsmöglichkeiten begrenzt ist, gewinnt der Mensch, der sich dem Geist öffnet und sich seinem Gestaltungsprozeß aussetzt, eine neue Chance, die über seine natürlichen Möglichkeiten hinausreicht. Die von Paulus gebrauchten Begriffe finden in der Person Jesu ihre Verwirklichung. Wer sich auf ihn einläßt, wird mit der Kraft seines Geistes in Kontakt kommen. Mit ihm kommt dann der Himmel auf Erden. In ihm versöhnen sich Schöpfer und Geschöpf. Ihm gehorchen die Kräfte der Natur. Er befreit die Energien des Bewußten und Unbewußten und stellt sie in seinen Dienst. Jesus war kein Asket, der seine Triebe unterdrückte, er war auch kein Neurotiker, der sie verdrängte. Er lebte souverän im Genießen und Verzichten, in Gemeinschaft und Einsamkeit, in Freundschaft und Distanzierung. Er verkörpert auch heute noch den ganzen, heilen Menschen, in dem Gott voll zur Verwirklichung gekommen ist. Durch seine Person ist alles, was getrennt war, integriert.

Wandlung und Reife – eine kritische Bilanz

Viele haben sich auf den Weg gemacht, um sich selbst oder ihr Selbst zu finden. Die Erfahrungen auf diesem Weg waren teilweise ermutigend und befreiend, andererseits aber auch vermischt mit Ernüchterung und Selbstzweifeln. Die Bewegung der Selbsterfahrung in Therapien, Kursen, Trainings und Workshops hat bei vielen Teilnehmern eine Bewußtseinserweiterung bewirkt, die sowohl Glückserfahrungen als auch manchmal Resignation zur Folge hatte. Das Wort »selbst«, gewann in diesen Prozessen eine unerwartete Wichtigkeit. Die Silbe »selbst« wurde für unsere Zeit fast zu einem Schlagwort. Das aus dem Griechischen stammende unscheinbare Wort »auto«, übersetzt als »selbst«, ist ein moderner Schlüsselbegriff: Auto, Autonomie, Autokratie, Autobiographie, Autodidakt, autogenes Training, Automat, Autosuggestion, Autor und Autorität usw. Auch in den Begriffen wie: Selbständigkeit, Selbstverwirklichung, Selbsterfahrung, Selbstbewußtsein, Selbsterkenntnis, Selbstwert usw. zeichnet sich etwas von unserem starken Bedürfnis nach Einsicht in unser eigentliches Wesen und Leben ab, einem Bedürfnis nach Freiheit und Loslösung von Fixierungen auf bestimmte Rollen. Wir suchen nach dem Sinn, nach einer lebenswerten, uns entsprechenden Daseinsform.

Vielleicht ist das Auto das deutlichste Symbol für diesen Lebensentwurf. Es macht uns beweglich, gibt uns zeitweise eine schützende Hülle, dient als Image und ist Ausdruck von Potenz. Im Auto bin ich um vieles mächtiger, schneller und auch unangreifbarer. Bis in die Traumwelt hinein hat das Auto seinen festen Platz. Es ist so etwas wie ein Archetyp für unser Selbst, für unser Wertgefühl geworden. Ich kann mich selbst steuern auf das von mir erstrebte Ziel hin. Für unser Fahrzeug geben wir oft mehr Geld aus als für irgend etwas anderes. Das Auto ist nur ein Bild für das tiefere Anliegen, für das Interesse an unserem Selbst. Für Selbstentdeckung, Selbsterfahrung und Selbstverwirklichung setzen viele ebenso bereitwillig Geld und Zeit ein.

Aber bei aller Arbeit an der Gestaltung und Erweiterung unseres eigenen Lebens sind die Enttäuschungen nicht ausgeblieben. Nicht alle Hoffnungen, die man auf die Selbsterfahrung gesetzt hatte, haben sich erfüllt. Neue Erkenntnisse sind wieder eingeschlafen, und viele Vorhaben sind auf der Strecke geblieben. Durch unseren Alltag, unsere Umwelt, durch die Gewohnheiten und unsere Trägheit ist von den guten Ansätzen manchmal nur wenig übriggeblieben.

Und doch bleibt der Wunsch nach Veränderung ungestillt und sucht Erfüllung, wenn auch vielleicht verdeckt unter vielen Enttäuschungen an sich selbst.

Die Hoffnung, daß wir mehr sind als das, was wir bisher erreichen konnten, bleibt bestehen. Gleichzeitig ist aber auch die Erkenntnis gewachsen, daß wir weniger sind, als wir erhofften. Beides führt uns unsere innere Wahrheit vor Augen und schafft gute Voraussetzungen für weitere Entwicklungsschritte.

Auf unserem Weg der Selbstentfaltung wurden wir von unterschiedlichen Vorstellungen geleitet. Zuerst haben wir geglaubt, daß es vor allem auf die richtige Methode, die beste Schule oder den kompetentesten Trainer ankommt. Dann dachten wir, daß alles davon abhängt, mit wieviel Engagement, Willenskraft und Konsequenz wir an unserer Selbstverwirklichung arbeiten, um befriedigende Ergebnisse zu erreichen. Manche sind auch in ihre religiöse Vergangenheit zurückgekehrt, um sich wieder ganz auf die Gnade

Gottes zu verlassen und auf eigenes »Sich-verbessern-Wollen« zu verzichten. Andere haben sich neuen religiösen Richtungen zugewandt, um bei ihnen ihr Heil zu finden.

Auf jedem Weg finden sich Anfänger, die, wie »Jungverliebte«, ihre Anfangserfahrungen begeistert weitererzählen und ein noch ungetrübtes Vertrauen in ihre neuen Erlebnisse setzen. Andere erinnern sich dabei, etwas beschämt und traurig, an ihre eigene anfängliche Begeisterung wie »gestandene« Ehepaare an ihre Verlobungszeit.

Gewiß, wer ist schon konsequent und kompromißlos genug gewesen? Haben wir vielleicht doch nicht genug geglaubt, nicht eifrig und hart genug an uns gearbeitet, den Schnitt mit der Vergangenheit nicht scharf genug vollzogen? Habe ich mich vielleicht durch Rücksichtnahme oder durch übertriebenes Verantwortungsgefühl für meinen Beruf und die Familie selbst um einen entscheidenden Durchbruch in ein neues Leben gebracht?

Was die Ernüchterungen in meinem Leben auch sein mögen, sie entlassen mich nicht aus der Sehnsucht nach Verwandlung und neuem Leben.

Bedauerlich ist, wenn aus Ernüchterung Resignation wird und aus Enttäuschungen skeptische Ablehnung oder überhebliche Ironie. Die Gründe für Enttäuschungen liegen darin, daß sich immer wieder alte Gewohnheiten und Verhaltensmuster einschleichen und die neu erlernte Lebensart überwuchern. Zu dauerhaften Veränderungen gehört mehr als konsequente Anstrengung und Durchhaltevermögen.

Eine andere Quelle vieler Enttäuschungen liegt im Bereich der Gefühle.

Irgendwo in unserem Inneren existierte die Vorstellung, daß eine tiefgreifende Veränderung sich vor allem in einer dauerhaften guten Stimmungslage zeigen müßte. Viele fromme Menschen meinen, daß sie eigentlich immer glücklich zu sein hätten, wenn es mit ihrem Glauben stimmen soll. Tatsächlich erleben sie auch anfangs, in der Gemeinschaft von Gleichgesinnten, ein Stimmungshoch. Das gemeinsame Tun, Singen, Beten, das gemeinsam gesprochene Glaubensbekenntnis vermittelt Erlebnisse der Zugehörigkeit und weckt gute Gefühle. Dazuzugehören ist ein tiefsitzender Wusch aus unserer Kindheit und Jugendzeit. Gemeinsame Aufgaben, missionarische Einsätze, soziales Engagement oder Aktionen vertiefen das Gemeinschaftsgefühl, das Wir-Erleben und die Verbundenheit. Zusätzlich stärkt diese Erfahrung auch eine innere Gewißheit, auf der richtigen Seite zu stehen und unter den »Erwählten« zu sein.

Solche emotionalen Eindrücke sind wertvolle Bereicherungen des Gemütslebens. Doch mit zunehmender Dauer des Zusammenlebens werden auch diese Gefühle durch Gewöhnung und Enttäuschungen strapaziert und nicht immer bestätigt. Sie verlieren dann ihre tragende Kraft. Da aber in den meisten Gruppen und Verbänden im allgemeinen über Zweifel und persönliche Enttäuschungen nicht gesprochen wird, wächst in manchen ein Gefühl, nicht o. k. zu sein. Weil die anderen anscheinend solche Schwierigkeiten nicht kennen, sieht man sich selbst unversehens auf der Seite der Unzuverlässigen oder Abtrünnigen, was die Gefühle nicht gerade hebt.

Im Bereich der Selbsterfahrung spielt sich ähnliches ab, obwohl hier, im Unterschied zur religiösen Welt, das Gefühl besonders ernst genommen wird. Es scheint so, als ob sich alles hauptsächlich um die Gefühlswelt dreht. »Gefühl ist alles«, und wer sich in seinem Gefühl nicht befreit, lebt noch nicht richtig! Hier kommt es tatsächlich zu starken Gefühlsdurchbrüchen und Befreiungserlebnissen. Man darf in der

Gruppe weinen, seine Wut herauslassen oder sich gefühlsstark und körperwarm umarmen. Das Aufbrechen von Blockaden und Hemmungen sind entscheidende Erlebnisse, die befreiend und beglückend wirken. Das Gefühl, endlich aus moralischen oder gesellschaftlichen Fesseln befreit zu sein und mit den unterschiedlichsten Menschen einen herzlich-menschlichen Kontakt ohne Konvention und Formalität pflegen zu können, ist für viele einfach »umwerfend«.

Leider sind auch das nur Anfangserlebnisse. Viele versuchen zwar, durch immer neue und andere Tagungen, Seminare und Kurse die Glückserfahrung des Anfangs zu wiederholen, doch gibt es irgendwann die unausweichliche Erkenntnis, daß es nicht immer wie am Anfang bleibt und keiner der harten Arbeit an sich selbst ausweichen kann.

Die Kosten, die in dieser »Gruppenwelt« bezahlt werden, sind manchmal sehr hoch – nicht nur finanzieller Art. Die Befreiung der Gefühle und der Ausbruch aus Bindungen und Beziehungen kosten oft einen Preis, den manch einer, wenn er später Bilanz zog, als zu hoch bezeichnen mußte.

Die Täuschung, die zur Enttäuschung führt, liegt in einer falschen Einschätzung der Werte, in zu hohen Erwartungen und manchmal auch in ungedeckten Versprechungen. Trotzdem sind alle Erlebnisse gut und wertvoll, wenn sie ihren Platz und Stellenwert erhalten.

Die anfänglichen Durchbruchs-Erfahrungen können überwältigend, befreiend, »umwerfend« sein, und doch sind sie nur Starthilfe für einen langen Weg. Die Erfahrung ist nicht das Ziel.

Erfahrungen sind nicht dazu da, unseren Standpunkt zu fixieren und dessen Richtigkeit zu beweisen, sondern sie sind Ermutigungen zum Weitergehen. Alles, was ich »unterwegs« erlebe, soll mich in Bewegung halten und mir helfen, meinen Kurs immer neu zu bestimmen. Früher oder später taucht das Problem auf, wie sich Wandlungsprozesse lebendig fortsetzen lassen; woher ich die notwendigen Energien zum Wachsen und zum Vorwärtsgehen bekomme, wenn der Weg schwieriger und die Luft dünner wird.

An dieser Stelle erscheint es wichtig, ein eingefleischtes Vorurteil aufzugeben. Bei Wachstum und Persönlichkeitsentwicklungen ist es nicht wie im Beruf, in dem man die Arbeit immer besser und durch Übung gewohnter und routinierter leistet, damit alles perfekter wird. Reifung vollzieht sich anders. Hier geht es nicht um einen Weg, der immer leichter, breiter und bequemer wird und schließlich in einen Highway mündet, sondern hier trägt die Länge die Last. Das, was wir schon gelernt zu haben meinten, wird manchmal sogar in Frage gestellt. Beim Wandlungsprozeß müssen wir, bildhaft gesprochen, schließlich aus unserem Auto aussteigen und selbständig zu Fuß weitergehen. Der Beifall der Masse, die Zahl der Freunde und Bewunderer, nimmt ab. Wer auf Erfolg und Prestigegewinn setzt, sollte lieber so bleiben, wie er ist, oder sich dem Publikumsgeschmack anpassen.

Reifung dagegen hat mit Frucht zu tun. Eine Frucht hat die Bestimmung, zu reifen. Sie ist zum Verzehr bestimmt und/oder trägt in sich den Samen für mehr Frucht. Der Same ist aber im Verhältnis zur Frucht sehr unscheinbar.

Es genügt nicht, sich aufzuraffen, seinen Charakter zu verbessern und konsequenter zu leben. Nicht ich selbst kann mich zum Leben verändern, sondern das Leben will sich in mir verwirklichen. Der Geist des Lebens will in mir und dann durch mich fruchtbar werden. Bevor ich überhaupt an eine Veränderung dachte, war er schon längst an mir und meiner Wandlung interessiert und engagiert.

Alle Kurse zur Selbsterfahrung, alle religiösen Erlebnisse, alle meditativen Einübungen, alle therapeutischen Hilfen oder charismatischen Belebungen öffnen eigentlich nur die Tür für eine neue Wirklichkeit, die die Erde durchdringen will.

Die globale Ernüchterung

Selbsterfahrungen, geistig-geistliche Aufbrüche, hoffnungsvolle politische Erdrutsche und faszinierende Erfolge durch Wissenschaft und Technik haben uns einerseits geweckt, andererseits aber auch in Frage gestellt. In keiner Zeit wurde die Welt so klein, die Menschheit so als Masse und die Problematik in allen Bereichen so erschreckend unlösbar erlebt wie heute. Wir sind ständig Augenzeugen der Schrecken und der unlösbaren Konflikte irgendwo auf unserer Erde. Die steigende Informationsflut ist so erstickend, daß schon bei vielen aus Selbstschutz die Fluchtbewegung ins private Idyll begonnen hat. Aber auch hier erreichen uns die Beben sozialer und wirtschaftlicher Veränderungen. Die Monate der Hoffnung nach der Beendigung des Ost-West-Konfliktes und die Tage der Freude über die Wiedervereinigung unseres Volkes erwiesen sich als Makulatur und übrig blieben vor allem Probleme und Ängste.

Jetzt ist die Stunde für die Biertischstrategen gekommen, für die großen Vereinfacher und Besserwisser, die schon immer alles richtig gesehen haben und die unfehlbare Lösung kennen. Der ernsthaft Nachdenkende wird nicht so schnell in Klischees und Parolen verfallen und zugeben, daß uns bei aller Vernunft und bei allem ernsthaften Bemühen die Probleme über den Kopf gewachsen sind. Eine erschreckende Ernüchterung und ausufernde Hoffnungslosigkeit hat sich breitgemacht.

Bewundernswert sind die mutigen und unermüdlichen Kämpfer an den heißen Fronten der globalen Probleme: die engagierten Friedensstifter, die ökologischen Gruppen, die für die Bewahrung der Schöpfung und die Erhaltung der Reinheit des Wassers, der Luft und des Meeres eintreten. Wir bewundern die unermüdlichen Helfer in den verschiedensten Entwicklungsdiensten und Rettungsverbänden und nicht zuletzt die Blauhelme, die im wahrsten Sinne des Wortes ihre Köpfe hinhalten, ohne sich selbst schützen zu können.

Nicht zu vergessen sind auch die engagierten Forscher, die nach neuen Heilungsmöglichkeiten suchen, um Krankheiten zu bekämpfen, oder Wissenschaftler, die Lösungen anstreben, die uns von fossilen Brennstoffen oder der Atomenergie unabhängig machen.

Trotz dieser tapferen Versuche zu retten, zu bewahren und zu helfen können wir uns über eine wachsende Hoffnungslosigkeit nicht hinwegtäuschen.

In der Informationsflut nehmen die wirtschaftliche und politische Maffia, die Drogenkartelle, die Rüstungsindustrie und ihre Schieber, die skrupellosen Verdiener an der Not der Flüchtlinge, die kleinen und großen Gangster, denen Betrug und Verbrechen nichts bedeuten, den größeren Raum ein.

Es geht hier nicht um eine vollständige Aufzählung positiver und negativer Zeiterscheinungen, sondern um das Bewußtwerden einer zunehmenden Aussichtslosigkeit, die die positiven Energien in uns immer mehr zu lähmen droht.

In vielen keimt der Verdacht, daß wir mit unserer Welt irgendwie an den Rand geraten sind und daß wir selbst es sind, die sie an den Rand gebracht haben.

Wir erkennen: Unsere Hoffnung, die auf menschliche Vernunft und auf unseren Verstand gründet, ist gescheitert – sofern wir uns nicht den Vereinfachern, den Ideologen oder den religiösen Fanatikern anschließen, die für alles eine »überzeugende« Lösung anzubieten haben. Beim Anschauen und Aushalten der Zeitprobleme wird eine Einsicht immer deutlicher: Die Lösungen können nicht in noch größeren Anstrengungen, in noch lauteren Appellen an Vernunft und Menschlichkeit, nicht in neuen politisch-wirtschaftlichen Konzepten und auch nicht im Siegeszug irgendeiner Religion gefunden werden.

Die Einsicht, daß es mit gutem Willen und dem Zusammenarbeiten der besten Kräfte keine globale Lösung gibt, scheint unausweichlich klar.

Eine Wandlung zu größerer Hoffnung wird ahnungsweise vorstellbar, wenn wir nicht mehr wie bisher die Verhältnisse verändern wollen, sondern mit der Suche nach einem neuen Menschen beginnen. Die Aufgaben am Ende unseres Jahrhunderts sind nur noch durch Menschen zu lösen, die mehr Kraft und Persönlichkeit besitzen als bisher und die mit größeren Qualitäten ausgestattet sind.

Der neue Mensch wird kein »Außerirdischer« und kein »Superman« sein, kein Kraftprotz und kein Genie, auch kein hochbegabter Künstler. Die Suche nach einem neuen Menschenbild werden wir in uns selbst beginnen müssen. Vielleicht sind wir selbst, vielleicht ist die ganze Welt schwanger mit dem neuen Menschen, der geboren werden will. Die Lösungen und Antworten liegen jedenfalls in unserem Inneren.

Jesus hat einmal im Blick auf die Katastrophen der Apokalypse das Bild von den Geburtswehen gebraucht, in denen die ganze Welt liegt, und damit gemeint, daß es eine Wiedergeburt der Welt geben wird. Wenn wir dem Bild von der Geburt des neuen Menschen nachgehen, kommen uns auch seine Worte an den Gelehrten Nikodemus in den Sinn: »Wenn jemand nicht von oben geboren wird, kann er das Reich Gottes nicht sehen.«

Geburt von oben! Da fällt mir die Situation am Pfingstfest damals in Jerusalem ein. Es war die Geburtsstunde des neuen Menschen! Der Geist fällt von »oben« auf die angstvoll wartenden Jünger, und sie machen, neben all den aufregenden Begleiterscheinungen, die auch mit jeder natürlichen Geburt einhergehen, zwei wesentliche Erfahrungen, die vermutlich für den neuen Menschen symptomatisch sind:

Sie bekommen ein neues Bewußtsein für Gott und die Welt.

Sie haben die Fähigkeit, auf eine völlig neue Art zu sprechen und erleben, daß sie verstanden werden.

Diese aufregende Geburtsstunde setzt eine Bewegung in Gang, die bis heute andauert, wenn auch unscheinbar und für unsere hohen Erwartungen zu langsam und zu unwirksam.

Viele Christen haben in allen Jahrhunderten auf ein neues Pfingstfest, eine neue Wiedergeburtsstunde gewartet. Vielleicht ist die Zeit, global betrachtet, jetzt reif dafür, und hoffentlich wird die Bewegung diesmal nicht wieder in einer neuen Religion versanden.

Die neue Wirklichkeit entspricht nicht den üblichen Vorstellungen. Schon Jesus widersprach den Erwartungen seiner Zeitgenossen. Das neue Leben kommt nicht in einer Gestalt, die Fantasie und Gefühl beflügelt. Es kommt weder mit Großartigkeit noch mit Macht. Alle Bilder, die die neue Wirklichkeit beschreiben, sind weder sensationell noch haben sie eine psychologische Massenwirkung. Es sind ganz natürliche Vorgänge, die in den Bildern von der Quelle, von der Geburt und vom Fruchtbringen auf die Art des neuen Lebens hindeuten.

Diese drei Bilder wecken die Vorstellung, daß das neue Leben von innen kommt. Es hat seinen Anfang im Unsichtbaren. Nicht die äußeren Verhältnisse, auch nicht die bewußten Anstrengungen fördern das Leben, sondern es wächst inwendig, unsichtbar und still. Es hat seine eigene Zeit der Reifung und des Hervortretens. Es wirkt durch sein Dasein, nicht durch sein Tun. Es hat seinen Lebenswert in sich, obwohl es auch für andere lebenswichtig werden kann.

Jesus hat sich zum Prototyp dieser neuen Wirklichkeit gemacht. Sein Leben pulsiert in einer Energie, die verändert, ohne zu zerstören. Er ist der sichtbare Ausdruck für die Dynamik des Geistes, der in ihm, trotz der Kürze seiner Lebenszeit, voll zur Wirkung kam.

Von ihm und seiner Lebensart her leitet sich das Neue ab; er ist gleichsam Tür und Weg und Leben in einer Person. Seit ihm existiert auf der Welt diese Wirklichkeit, deren sichtbare Geburtsstunde Pfingsten war.

Wer sich an dieser Lebensart orientiert, weiß, daß der neue Mensch nicht durch Züchtung oder durch Gen-Manipulation erschaffen wird. Es ist weder der hochbegabte noch der durchtrainierte oder dressierte Mensch; auch nicht der, der aus dem sogenannten guten Milieu, mit guter Erziehung und Ausbildung stammt. Der neue Mensch wird weder zu den Preisträgern irgendwelcher musischen oder wissenschaftlichen Wettbewerbe zählen, noch wird es der durchtherapierte, mit allen Wassern der psychologischen oder esoterischen Kulte gewaschene, selbstverwirklichte Überlebenskünstler sein. Diese menschlich-positiven Vorgaben sind allerdings auch kein Hindernis auf dem Weg, die neue Lebenswirklichkeit in sich zu erfahren.

Quelle, Geburt oder Frucht sind Bilder aus der Natur, die uns einen Zugang zu den Kräften des Reiches Gottes, dem Reich des Geistes, erschließen. Es sind die Kräfte der schöpferischen Fantasie und Vorstellung, die wir auch Glaube nennen. Nicht die Kraft der Hände oder Gehirne verändert das Leben auf der Welt, sondern die Kraft des Glaubens, der Gehirn und Hände in Bewegung setzt. Der Glaube lebt von Bildern, die ihn wecken. Sie sind die Antennen, über die wir Anschluß an die Kräfte aus der Wirklichkeit des Geistes erhalten.

Ohne Bilder, ohne Vorstellungen, ohne Fantasie gibt es keinen Glauben und ohne Glauben keine Verwandlungen. Was ich mir nicht vorstellen kann, kann ich auch nicht glauben!

Die Quelle fließt von innen nach außen. Sie ist nicht das Produkt einer Anstrengung. Sie sammelt das Wasser und gibt es überfließend weiter. Sie ist nicht abhängig davon, wie viele aus ihr trinken. Sie hat darum nicht mehr und nicht weniger. Bei aller Bewegung, die von ihr ausgeht, ruht sie in sich.

Die Frucht ist Ausdruck eines gesunden Wachstums, ein Zeichen für Reife, für Wohlgeschmack und Lebenssaft. Frucht ist Höhepunkt, aber nicht Ende einer Entwicklung, denn in ihr liegen die Keime für neue Saat, als Zeichen für mehr Frucht. Reife Frucht braucht keine Reklame, sie spricht für sich und zeigt, daß nicht nur die Tat wohltut, sondern vor allem das Sein.

Das Bild von der Geburt deutet ebenso auf das Motiv des neuen Lebens hin. Das Kind ist im Idealfall eine Frucht der Liebe, die Auswirkung einer engen Beziehung. So wirkt der Geist Gottes als Verursacher des Lebens, indem er die Beziehung zu Menschen aufnimmt. Die Liebe will Liebe vermehren.

Wer in Liebe empfangen wurde, wird Liebe weitergeben, weiterleben. Das Bild von der Geburt macht auch deutlich, daß aller Anfang klein, hilflos und gefährdet ist und Geborgenheit braucht. Liebe ist die Atmosphäre, in der ein gesundes Wachstum möglich ist. Deshalb ist die Liebesbeziehung nicht nur für den Anfang wichtig. Eine Gottesbeziehung ohne Liebe ist nicht lebensfördernd. Ein Gott, den man sich nicht als Liebe vorstellen kann, und ein Geist, der nicht Liebe bewirkt, wecken keine Hoffnung.

Das Bild von der Geburt macht auch deutlich, daß es nicht um Veränderungen von Details geht, sondern um ein neues Wesen. Der neue Mensch ist nicht nur im Kopf, im Denken neu. Auch ein neues Verhalten genügt nicht. Das Organ, das im Embryo als erstes funktioniert und beim Sterben als letztes stillsteht, ist das Herz. Neues Leben ist Herzenssache.

Ein neuer Geist ist gefragt. Ein Geist, der in unserem Hirn erzeugt wird, kann nicht das Herz verändern. Der neue Geist, der zwar den Kopf nicht ausschaltet, aber das Herz wandelt, reicht weiter, versteht mehr und hat größere Energien. Er schafft mehr Veränderungen als alles, was wir bisher mit dem menschlichen Geist erreichen konnten.

Der Geist Gottes als neue Dimension

Gott ist uns in vielen Bildern und Beispielen beschrieben worden, von furchterregenden bis zu tröstenden Bildern in allen Religionen. Für Christen ist er besonders lebendig in den Bildern des Alten und Neuen Testaments, weil wir uns Gott als Geist nicht vorstellen konnten.

Auf der einen Seite schiebt Jesus durch seine Aussage, daß Gott Geist ist, alle bisherigen Bilder in unendliche Ferne, doch kommt Gott uns dadurch gleichzeitig unbegreiflich nahe. Alles Unvorstellbare ist jedoch zunächst beängstigend. Mit Geisterfahrungen hatten es die Menschen immer schwer. Die Bilder von Gott als Vater, Richter, Herr, als Mutter und die vielen anderen Vorstellungen, die wir von Gott in uns tragen, haben einen Zugang zum Glauben geöffnet.

Die Aussage, daß Gott Geist ist, trifft uns mit einer Unmittelbarkeit, die erschrecken oder begeistern kann. Geist ist unbeschreibbar, und doch zu erleben; er ist unfaßbar, aber er kann uns erfassen, begeistern, erfüllen. Er braucht keinen Ort, nicht den Himmel, keinen Thron, keinen Tempel; er ist überall.

Es scheint, als ob durch diese Aussage die Richtung unserer religiösen Vorstellungen umgedreht wird. Der religiöse Mensch sucht Gott, sucht Vergebung und Versöhnung. Er unternimmt vieles, um ihn gnädig zu stimmen. Der religiöse Mensch ist der Gottsucher. Durch den Geist wird deutlich, daß die Initiative nicht beim Menschen liegt. Er kommt, der Mensch nimmt ihn in Empfang. Er geht voraus, und die Menschen folgen seiner Spur. Er ist überall gegenwärtig, wir dürfen ihn überall entdecken, auch dort, wo wir ihn nicht vermuteten.

Sein Ziel ist die Verwirklichung der Liebe in und durch Menschen, und er bewirkt sie auch. Er ist nicht draußen, im Himmel oder irgendwo, sondern mitten in der Welt, in uns, in allen Bereichen des Lebens. Er ist unentrinnbar und doch nicht aufdringlich. Er ist unsichtbar, unspürbar und doch überall dabei, wo Liebe sichtbar und spürbar wird. Er ist die unendliche Vervielfachung des Lebens Jesu in Menschen, so wie Jesus die Verwirklichung Gottes war. Es ist derselbe Geist.

Seit Pfingsten gibt es keinen Bereich, den er aussparen würde, keinen Menschen ohne seinen Einfluß. Petrus erkennt am Pfingsttag die alte Wirklichkeit gewordene Wahrheit und sagt: »Der Geist Gottes ist ausgegossen über alles Fleisch.« Jetzt ist das eingetreten, was schon lange verheißen war. Eine neue Zeit hat begonnen.

Wir können uns Gott als gegenwärtigen Geist und seine Wirklichkeit als Liebe nicht mehr ohne den Menschen vorstellen. Das Reich Gottes ist mitten unter uns. Der Mensch ist nicht für Gott da, sondern Gott ist für die Menschen da. Gott fordert keine Liebe, er schenkt sie. Der Geist ist die Verwirklichung Gottes in der Welt. Im Geist ist Gott untrennbar mit seiner Schöpfung, mit seinen Geschöpfen verbunden. Durch den Geist wird diese Verbundenheit zu einer Liebesbeziehung. Wo Liebe ist, ist der Geist wirksam. Und wo Liebe wirkt, entsteht Leben, neues Leben.

Pfingsten, am Anfang der neuen Menschheitsepoche, steht eine empfangsbereite Gruppe von Menschen, die bereit ist, sich bewußt auf diese neue Wirklichkeit einzulassen. Diese Menschen erleben, daß das, was jetzt an ihnen geschieht, keine private Frömmigkeitserfahrung ist, kein Initiationsritus zur Aufnahme in eine Schar besonders frommer Heiliger, sondern daß es um die Ausrüstung mit Kraft für einen weltweiten Auftrag geht. Die Geisterfahrung, in die sie an diesem Tag hineingenommen werden, ist die Erfahrung der weltumspannenden Liebe Gottes, die ohne Ausnahme allen gilt: eine Liebe für alle und alles. Keine neue Religion, keine neuen Riten, Bekenntnisse oder moralischen Vorschriften, keine fromme Innerlichkeit oder ein heiliges Getto, sondern der Anfang einer neuen Menschheit, die erfüllt und begabt ist mit dem Geist der Liebe, mit Gott selbst.

Das Sprachwunder, von dem die Apostelgeschichte an diesem Tag berichtet, deutet an, daß für die neue Gemeinschaft eine neue Art der Kommunikation typisch sein wird. Sie können verstehen und sie werden verstanden. Die babylonische Sprachverwirrung, die zur Spaltung der Menschen führte, zum Haß und zur Zerstreuung, ist hier exemplarisch aufgehoben. Die Menschen sind dank der Geisterfahrung imstande, sich nicht nur untereinander zu verstehen, sondern sie haben plötzlich auch Verständnis für den weltumspannenden Heilsgedanken Gottes. Nicht die Vergöttlichung des Menschen, sondern die Menschwerdung Gottes auf dieser Erde ist das Ziel.

Gibt es bestimmte Merkmale für ein Berührtwerden vom Geist? Ja; aber wir dürfen sie nicht nur im »frommen« Lebensraum suchen, denn sie werden überall, welt- und menschheitsweit, zu finden sein. Der Geist Gottes läßt sich nicht in christlich-theologische Kategorien einsperren. Die Herausforderung an uns liegt darin, in uns persönlich, wie auch bei allen Menschen, denen wir begegnen, und in allen Erscheinungen in dieser Welt die Spuren der Wirkungen des Geistes wahrzunehmen.

Ich versuche einige Merkmale der Wirkungsweisen des Geistes aufzuzählen. Der Geist wirkt:

Erleuchtung

In vereinfachter psychologischer Sprache ausgedrückt sind es die »Aha«-Erlebnisse, die plötzlich das Leben verändern können. Verborgenes wird entdeckt, Verworrenes geklärt, und neue Einsichten werden gewonnen. Bildlich gesprochen sind es die »erleuchteten Gedanken des Herzens«.

Selbsterkenntnis, Gotteserkenntnis und Weltsicht gehören in diesen Bereich.

Mut

Die neuen Einsichten verharmlosen nicht die Gefahren, vertuschen auch nicht die Probleme und verdrängen nicht die Angst. Der Geist aber wirkt Mut, trotz Angst und Risikobewußtsein. Das Notwendige wird möglich. Der Schritt aus der Sicherheit in das Wagnis der Liebe wird lebbar.

Motivation und Bewegung

Viele gutgemeinte Entschlüsse bleiben unterwegs stecken, und menschliche Begeisterung ist oft nicht von Dauer. Weil die neue Motivation und die innere Bewegung nicht außenabhängig sind, sondern aus inneren Quellen gespeist werden, ist das Durchhalten kein zwanghafter Krampf, und die Bewegung gewinnt Kontinuität.

Entscheidungsfähigkeit

Je nach Charakter sind wir mehr oder weniger entschlußfähig für anfallende Entscheidungen. Der Geist schenkt nicht nur Klarheit für das jetzt Notwendige, sondern er überwindet in uns die Schwerfälligkeit und gibt die Kraft zu entscheiden.

Beziehungsfähigkeit

Ein Wesensmerkmal des Geistes ist, daß er verbindet, Beziehungen schafft und erhält. Er ist es, der den ersten Schritt, aufeinander zuzugehen, ermöglicht und zum Neuanfang ermutigt. Der Geist selbst ist die Beziehung zwischen Gott und Mensch, Mensch und Mensch und zwischen dem Menschen und allem Lebendigen in dieser Welt. Wo der Geist wirkt, entstehen heilsame Verbindungen und werden Zusammenhänge deutlich.

Liebesfähigkeit

Gott selbst ist der größte Liebhaber, und die aus seinem Geist Geborenen sind auf seiner Spur. Im Unterschied zu unseren speziellen Liebhabereien ist die geistgewirkte Liebesfähigkeit nicht ausschließend, nicht festhaltend, und sie übt keinen Zwang aus. Liebe ist immer der Maßstab für die Verwirklichung des Geistes.

Lebendigkeit

Ohne Geist gibt es kein Leben, nirgends und in keiner Art. In den Berichten des Alten Testaments ist es der Geist, der über den Wassern schwebt und im Wasser die ersten Lebewesen entstehen läßt. Er ist die Triebkraft der Evolution, die Dynamik in jeder Entwicklung. Wir können zwar seinen Einfluß hindern und uns gegen seine Belebungsversuche zur Wehr setzen. Ohne ihn aber lebt nichts.

Heilkraft

Wo der Geist wirkt, bewirkt er auch Heilung. Krankheit ist immer auch eine Störung der Einheit, des Ganzen. Die Lebensenergien werden durch Trennung gehindert, und das Abgetrennte wird schwach und anfällig. Der Geist deckt das Trennende auf und will es beseitigen. Er heilt nicht das Symptom, sondern den ganzen Organismus. Wo Heilung ist, können auch die Symptome verschwinden. Das gilt auch für alle Trennungen zwischen Personen und Völkern.

Ende der Welt oder Neuanfang?

Wir leben in einer Zeit der Verwirrung. Nur naive Zeitgenossen haben eine Lösung für die Weltlage parat. Die klügsten Köpfe, die engagiertesten Politiker, die sichersten Ideologen haben ihr Konzept verloren und können nur klagen, Schuldige suchen oder sehr weise von den Ursachen reden, an denen alles zu scheitern droht. Die Welt ist beim besten Willen nicht mehr in den Fugen zu halten.

Wir erleben das Ende der großen Systeme. Die alten Machtblöcke, das Gleichgewicht des Schreckens und die weltumspannenden Wirtschaftsgiganten und Konzerne verlieren zunehmend ihre Stabilität und Funktionstüchtigkeit. Große Einheiten lösen sich auf, neue versuchen sich mühsam zu konstituieren. Der Kampf um das Überleben läßt vergessene Urinstinkte im Menschen gnadenlos aufbrechen. Völker, Rassen und Religionen versuchen mit allen Mitteln zu überleben. Auf der einen Seite erkennen wir die Tendenz, die ganze Welt politisch und ökologisch als Einheit zu sehen, auf der anderen Seite scheint sich alles in kleine und kleinste Gruppierungen aufzulösen. Übergreifende Ideen verlieren sich und mahnende Appelle verhallen ungehört.

In diesen globalen Entwicklungen wird die Unfähigkeit, menschlich zu leben und miteinander umzugehen, offenbar. Wir erleben das Scheitern der menschlichen Vernunft, situationsgerecht zu handeln.

Bei allem sind wir tief erschrocken über die unmenschlichen Grausamkeiten, zu denen Menschen fähig sind. Unbewältigte Vergangenheit, Haß gegen Andersartige, blinde Wut und Angst verwirren jedes normale Reagieren, vor allem, wenn es scheinbar um das Überleben geht. Weder Verhandlungen, noch Versprechen und noch nicht einmal Drohungen reichen aus, um der Grausamkeit Einhalt zu gebieten.

Es ist unausweichlich klar geworden, daß die Probleme der Welt nicht durch bessere Systeme oder neue Ideen zum Guten gewendet werden können.

Das Problem unserer Welt sind wir selbst. Alle Zukunft versprechenden Lösungen müssen hier ansetzen, denn der Mensch, so wie er ist, ist nicht mehr in der Lage, mit sich und der Welt zurechtzukommen.

Gefragt ist ein neuer Mensch, der im Inneren eines jeden von uns latent vorhanden ist. Der Geist, der die Herzen berührt, kann in jedem die Möglichkeit wecken, sich für das Neue zu öffnen und das zu erleben, was in der Sprache der Bibel »Neugeburt« oder »Geburt von oben« genannt wird.

Die Antwort auf zwei Fragen ist an dieser Stelle entscheidend: Was ist das Wesen, das Wesentliche des neuen Menschseins? Und: Wie können wir das empfangen und aufnehmen, was uns vom Geist Gottes angeboten wird?

Das Wesen und die Frucht des Geistes, der die Herzen verwandelt, ist Liebe. Was und wie diese Liebe ist, müssen wir neu erahnen und neu definieren, weil kaum ein anderes Wort in unserem Sprachgebrauch so mißverständlich geworden ist.

Die Fähigkeit, die Liebe, die der Geist geben will, zu empfangen, hängt von unserer Einstellung ab, die wir zu dem Geist haben.

An einem einfachen und praktischen Bild aus unserer Alltagswelt mag das vielleicht deutlich werden:

Wir sind fähig, mit einem Radio oder Fernseher umzugehen, um den gewünschten Sender einzustellen. Je nach Einstellung empfange ich mein Programm. Was ich empfange, höre oder sehe, hängt also von der entsprechenden Sendereinstellung ab.

Wir wundern uns heute überhaupt nicht mehr, wie

unkompliziert es ist, einen Sender, der Hunderte von Kilometern oder sogar einen ganzen Erdteil von uns entfernt ist, zu empfangen. Überall um und sogar in uns sind Radio- oder Fernsehwellen, die irgendwo in den Äther ausgestrahlt wurden. Lediglich die richtige Sendereinstellung ist wichtig, um das gewünschte Programm zu empfangen.

Im übertragenen Sinn gilt dies auch für geistige Impulse. Die richtige Einstellung auf den Geist der Liebe ermöglicht mir deren Empfang. Wir wissen, daß es sich beim Geist Gottes nicht um elektromagnetische Wellen handelt. Wir sind kein Radio, und Gott ist kein Rundfunksender. Aber der uns erschaffen hat, hat uns fähig gemacht, ihn zu hören und seine Impulse zu empfangen. Nicht jeder ist darin schon geübt, aber es ist zu lernen. Unser Herz ist das Empfangsorgan für Liebe und wird auch gleichzeitig zum Sender, der Liebe weitergeben kann.

Wenn wir von der Überzeugung ausgehen, daß Gott selbst das größte Interesse an uns und dieser Welt hat, können wir auch damit rechnen, daß er jedem Aufrichtigen Gelingen schenkt, der versucht, mit ihm in Kontakt zu kommen.

Beim Sender und Empfänger kommt es nicht nur auf eine ungefähre, grobe Richtung an, die ich anpeile, sondern auch auf eine Feineinstellung, die einen deutlicheren und störungsfreien Empfang ermöglicht.

In den folgenden Abschnitten ist der Versuch gemacht, eine Skala für die Feineinstellung des Herzens anzubieten. Ich beziehe mich dabei auf einen Text des Paulus: »Die Frucht des Geistes ist Liebe, Freude, Friede, Langmut…« (Galater 5,22).

Frucht ist das Resultat von Wachstum und nicht das Ergebnis von Anstrengung und Leistung. Frucht des Geistes heißt darum, daß der Geist diese Ergebnisse hervorbringt. Voraussetzung zum Wachsen ist die

Bereitschaft, sich zu öffnen, sich der Wirkung des Geistes auszusetzen.

Die Beschreibung der einzelnen Facetten der Frucht ermöglicht es mir, mich besonders für die mir gerade am meisten fehlende Art der Liebe zu öffnen und mich bewußt auf sie einzustellen, damit sie sich in mir entwickeln kann. In dieser Aufreihung der Frucht steht Liebe nicht nur an erster Stelle, sie ist vielmehr das Zentrum aller Frucht, aus dem sich alle anderen Qualitäten des Geistes entwickeln. Wir können auch sagen: Liebe ist Friede, ist Freude, ist Freundlichkeit usw.

Die Frucht des Geistes ist Liebe!

Das Motiv und das Ziel der Bewegung, die von Pfingsten ausgeht, ist Liebe. Was die Liebe bedroht und unter Umständen verhindert, ist nicht Haß oder Eifersucht, sondern Angst. Angst ist die Grundstörung in jedem Menschen, die das Wachstum und die Reife der Frucht im Leben behindern kann.

Damit tritt ein Machtkampf zwischen Angst und Liebe in ein entscheidendes Stadium, denn Liebe und Angst schließen sich gegenseitig aus. Die Religionen haben die Angst vor dem Tod, vor den Zumutungen des Lebens, vor einer Abrechnung aller Schuld kultiviert und eingedämmt und damit ertragbar gemacht. Sie haben der Angst Zügel angelegt.

Die neue Einstellung auf den Gott der Liebe treibt die Furcht aus. Das Maß meiner Angst zeigt mir das Maß meiner Liebe. Liebe wird zum Kriterium für die Nähe zu Gott und für die Wirklichkeit des Geistes im Menschen. Merkmal einer neuen Menschlichkeit ist ihre Liebesfähigkeit.

Facetten der Liebe

Freude – Voll Klang sein

Die Liebe als Zeichen einer neuen Welt findet als erstes in der Freude ihren Ausdruck: »Freude – schöner Götterfunken...« Freude ist ein Ton, ein innerer Klang, der die Stimmung im Inneren eines Menschen wiedergibt, der sich der Liebe öffnet. Freude ist die Atmosphäre eines neuen Lebens, deren Klang auch nach außen dringt und die Umwelt beeinflußt. Stimmungen wirken ansteckend und erzeugen wie alle Töne eine Resonanz auch dann, wenn die Umwelt selbst es nicht sofort merkt.

Freude ist die Atmosphäre des Geistes und der Liebe. Sie ist eine Schwingung, die uns mit vollem Klang füllt. Die ganze Welt ist voller Klänge. Jeder Körper, bis ins Atom hinein, hat seine eigene Schwingungsfrequenz und ist dadurch in einer ständigen Bewegung. Das gilt genauso für den psychischen Bereich, auch wenn es dafür noch keine Meßgeräte gibt.

Der Ansteckungskraft der Freude ist nur schwer zu widerstehen. Sie erzeugt eine innere Resonanz im Gegenüber und versetzt ihn in dieselbe Schwingungsfrequenz. Wir sprechen meist im negativen Sinn von Ansteckung, zum Beispiel von der Ansteckung durch Krankheiten oder von negativen Stimmungen. Am wirksamsten ist in diesem Sinn die Übellaunigkeit. Ein Mießmacher kann die Stimmung einer ganzen Gesellschaft zerstören, und ein Spielverderber genügt, um vielen den Spaß zu vergällen.

Während die Naturwissenschaften in der Erforschung verschiedenster Wellenbereiche wie Lichtwellen, Schallwellen, elektromagnetische Wellen, radioaktive Strahlungen u. a. schon weit vorangekommen sind, stehen wir im Bereich der Stimmungs- und Gefühlswellen und deren Ausstrahlungen immer noch sehr am Anfang unserer Untersuchungen.

Wir wirken als Menschen ständig aufeinander ein. Wir spüren die Schwingungen der Sympathie und Antipathie, sprechen über Anziehungskräfte und Abneigungen, kennen aber die Gesetzmäßigkeiten, die diesen Erfahrungen zugrunde liegen, noch sehr wenig. Deshalb sind wir auch oft den Kräften, die unsere Gefühlswelt beeinflussen, hilflos ausgeliefert. Wir leiden unter Stimmungen, Launen, dunklen Gefühlen und wissen oft nicht, woher sie kommen, und noch weniger, wie wir sie verändern können.

In manchen Lebensbereichen betreffen uns solche Ausstrahlungen besonders, zum Beispiel in einer Liebesbeziehung. Hier erleben wir unmittelbar die Freude übereinander und miteinander als Liebesbeweis. Bei Störungen dieser Freude fühlen wir uns verunsichert, ohne verstehen zu können, was die Mißstimmung verursacht hat.

Freude spielt aber nicht nur im Bereich der erotischen Liebesbeziehung eine große Rolle, sondern in allen Lebensbereichen. Die lebensfördernde und lebensnotwendige Seite der Freude wird heute sogar schon im Bereich der Berufswelt gesehen. Mitarbeiter und Führungskräfte werden psychologisch geschult, auf eine positive Stimmung im Betriebsklima zu achten, und angeleitet, wie und was sie selbst dazu beitragen können. Doch es gibt immer noch genug Vorgesetzte, Lehrer, Erzieher, Pfleger und Sozialarbeiter, die ihre Launen und Stimmungen ungefiltert an die von ihnen Abhängigen weitergeben, ohne dafür zur Rechenschaft gezogen zu werden. Während man körperliche Verletzungen sehr ernst nimmt und ahndet, bleiben seelische Verletzungen, Kränkungen und Grausamkeiten immer noch ungestraft. Ganz allgemein geht man immer noch von der Vorstellung aus, daß man für seine Gefühle nicht verantwortlich ist und daß man sich jedem mit seinen Gefühlen, Launen und Stimmungen ungeniert zumuten darf. Viele sind deswegen überzeugt, Opfer ihrer inneren Befindlichkeit zu sein.

Ein neues Menschsein würde an dieser Stelle eine grundlegende Veränderung schaffen, denn Stimmungen, Launen und ungute Gefühle sind kein unabänderliches Schicksal, sondern eine Herausforderung, auch meine Innenwelt in die eigene Verantwortung zu nehmen. Ich kann lernen, meine Gefühle zu beeinflussen. Ich kann ihre Herkunft erforschen und sie dahingehend verändern, daß sie mir entsprechen.

Freude ist ein Gefühl, das gelernt werden kann, so wie wir lernen, besser und gesünder zu atmen und zu essen. Es lohnt sich, diese Möglichkeiten zu erforschen, Erfahrungen zu sammeln und auszutauschen. Wir können üben, gute Gefühle wie gute Luft aus der Welt des Geistes in uns aufzunehmen.

Es lohnt sich, der Frage nachzugehen, wie wir Zugang zu den Frequenzen der Freude finden.

Es gibt zwar keinen Kabelanschluß für Freude, aber es gibt dafür ein Empfangsorgan, unser Herz. Die Einstellung des Herzens ist entscheidend für das, was ich empfange.

Wie beim Radio oder Fernsehen empfange ich nur, was ich eingestellt habe. Ich habe die Möglichkeit, mich auf Wellenbereiche wie Trauer oder Mitgefühl einzustellen. Ebenso kann ich Beleidigtsein oder Wut in mir schwingen lassen. Ich kann mich aber auch bewußt auf Freude einstellen und Freude empfangen.

So wie die unsichtbaren und unhörbaren Radio- und Fernsehwellen durch einen Empfänger hör- und sichtbar werden, so trifft das auch für die unsichtbaren Kraftfelder der Freude zu. Jeder Sender hat normalerweise seine Frequenz, seinen Code; so auch die Freude. Sie stammt aus dem Kraftfeld der Liebe oder, wie Jesus das betont, aus dem Sendebereich des Himmels.

Jeder Mensch entscheidet bewußt, meist jedoch unbewußt, was er empfängt und wen er empfangen will. Zu den Antennen der Seele gehören die Denk- und Glaubensvorstellungen, die ich in mir trage. Woran glaube ich, wem glaube ich und was ist mein Weltbild?

Ich habe als Mensch die Fähigkeit, mich auf die Wellenbereiche einzustellen, die ich bevorzuge. Ich kann hinhören und weghören, ich kann mich für gute Nachrichten öffnen oder auch für negative Informationen. Ich kann meine inneren Ohren für belastende Informationen sensibilisieren, ebenso auch für erfreuliche. Ich kann mich mit Menschen verbinden, die mich ermutigen, und mich denen verschließen, die mich nach unten ziehen.

Ich kann mich dem Geist der Freude öffnen. Unter Umständen muß ich dafür zuvor mein Welt- und Glaubensbild korrigieren. Pflege ich ein pessimistisches oder ein positives Denkmuster? Erwarte ich Erfreuliches oder richtet sich meine Sensationslust vorzugsweise auf negative Nachrichten?

Ich bin aber nicht nur Empfänger, sondern kann mich auch als Sender der Freude verstehen.

Das neue Testament spricht von den Menschen, die Freude aussenden, als von dem »Licht der Welt« oder auch von den »Kindern des Lichtes und des Tages«.

Freude ist eine Strahlkraft, die Menschen und Verhältnisse verändert. Sie ist der deutlichste Ausdruck der Liebe – eine Frucht, die auf dem Boden eines offenen Herzens wächt. Freude ist die Ausstrahlung des Geistes Gottes und keine Tugend, um die wir uns bemühen.

Vollkommene Freude ist der Zustand des »Voll-

Klanges-Sein«. Oft erleben wir Freude nur als Echo auf frohmachende Ereignisse. Wir lassen uns davon anstecken, wir freuen uns mit anderen und fühlen uns in ihrer Gesellschaft wohl. Meist läßt diese Stimmung aber wieder nach, wenn wir allein sind oder andere Stimmungen uns überfallen.

Jeder produziert meist unbewußt in sich selbst Stimmungen, Launen und Gefühle. Diese bewußt wahrzunehmen und auf eine gute Tonart zu »stimmen«, ist eine wenig bekannte Kunst. Bleibende Freude wächst nur aus der bewußten und mit ganzem Herzen beschlossenen Einstellung auf den Geist der Freude, der sich in mir und durch mich entfalten will. Ich kann mich auf einen Ton einstimmen, der unabhängig von der jeweiligen äußeren Situation mein Fühlen, Wollen und Denken durchdringt und beeinflußt. Er läßt zwischen allem, was wir erleben, eine transzendente Wirklichkeit durchklingen, die eine Erhellung bewirkt, wo normalerweise kein Lichtschimmer zu erkennen ist. Dieser Ton trägt auf seinen Schwingungen Hoffnung, selbst in hoffnungslosen Situationen. Er ist die Musik aus einer anderen Welt, die sogar im Leid, in Katastrophen und in Verzweiflung noch eine Ahnung vom Heil vermittelt. Unheilbar Kranke, sogar Sterbende, haben von dieser Freude im Leid berichtet. Sie versuchten deutlich zu machen, daß es an der Schwelle des Todes noch eine andere Wirklichkeit gibt, die sie spüren konnten. Der Ton der Freude ist ein untrügliches Zeichen für die Anwesenheit des Geistes der Liebe. Am überraschendsten erweist er sich in Situationen, die normalerweise nicht zur Freude Anlaß geben.

»Voll-Klang-Sein« befreit von Abhängigkeit und Fremdbestimmung. Wer voll Klang ist, wird den vollen Ton der Freude in seiner Umgebung weiterleiten, ob er es merkt oder nicht, denn Freude wirkt ansteckend. Das ist ihr Gütezeichen.

Friede – Wieder miteinander sprechen

Ein Mensch des Friedens ist wie einer, der Brunnen gräbt oder Wege baut.

Wie wir aus dem Leben miteinander, in Politik und Gesellschaft, aber auch im privaten Bereich, wissen, ist die Friedensfähigkeit keine besonders verbreitete Lebensart. Das Gegenteil von Frieden ist nicht nur Krieg; bereits Spannungen und versteckte Abneigungen können das Gemeinschaftsleben empfindlich stören. Gestörter Friede ist Unfriede. Aus diesem Zustand heraus kann es sehr schnell zu Handlungen kommen, die gefährlich sind, weil sie Ärger, Verdruß und Feindschaft bewirken.

Was unser Zusammensein am meisten stört, sind Friedlosigkeit, Unfriede, Unzufriedenheit.

Das Wort Friede ist heute leider bis zur Lächerlichkeit pervertiert. »Friede, Freude, Eierkuchen« bezeichnet man in Beziehungen das unbefriedigende Resultat mühvoller Harmonisierungsversuche, bei denen jeder vom anderen mehr Zugeständnisse erwartet, als er selbst zu leisten bereit ist. Halbherzige Kompromisse werden dann als einzige Möglichkeit gesehen, das Kriegsbeil zu begraben. Das Gegenteil von Friede ist der Abbruch der Beziehungen. Man spricht nicht mehr miteinander, bis schließlich die Waffen reden.

Friede als ein innerer Seelenzustand, in dem man mit sich selbst und der Welt im Reinen ist, genügt nicht. In der religiösen Welt wird manchmal ein Friede angestrebt, der durch Rückzug aus den Konfliktbereichen gekennzeichnet ist. Man rückt enger zusammen und schließt sich nach außen, wo der Unfriede herrscht, ab.

Was ist der ursprüngliche Sinn von Friede? Wie wirkt er sich aus und woran kann man ihn erkennen?

Auf unserer Betrachtungsebene ist Friede eine Auswirkung der Liebe, ein Grundmuster für jede gelingende Beziehung nach innen, zu mir selbst und für jede Beziehung nach außen.

Aus dem griechischen Wort für Frieden (eirene) läßt sich die Vorstellung ableiten, daß es sich um eine Art des Umgangs miteinander handelt. Von diesem Wortverständnis her spielt sich Frieden auf der Kommunikationsebene ab. Man spricht wieder miteinander.

Friede beschreibt zum Beispiel den Zustand der Partner während eines gelingenden Gesprächs.

Er ist das Ende von Diktat und Fremdbestimmung, von Rechthaberei und Vorwürfen, von Selbstrechtfertigung und Rückzug, das Ende vom Kampf um Macht.

Er ist das Gegenteil von verbissenem Schweigen und Friedhofstille.

Friede setzt nicht völlige Übereinstimmung und Harmonie voraus, sondern bezeichnet die Bereitschaft, achtsam zu hören und zugewandt zu reden.

Friede ist das wieder aufgenommene Gespräch nach einer feindlich gestimmten Gesprächspause.

Hören und Reden sind Anfangserfahrungen im menschlichen Leben. Bevor wir selbst sprechen können, werden wir schon angesprochen und lernen das Hören. Beim Hören sind nicht nur die Ohren beteiligt, sondern ebenso die Augen. Wir lesen im Gesicht und schauen auch auf die sprechenden Hände. Wir nehmen die Haltung des ganzen Körpers wahr. Wir hören, wie eine Stimme klingt und vernehmen daraus auch eine Botschaft.

Auch beim Friedensgespräch sind Ton und Klang wichtig. Friede ist Einklang, das Ende der Dissonanz.

Der Friede muß gelernt werden, denn Friedensstifter können nur Menschen sein, die mit sich selbst im Einklang sind.

Es gibt auch innerpersonale Friedensgespräche.

Dann spricht mein Kopf mit dem Herzen oder das Herz mit dem Bauch. Jeder Teil hört auf den anderen und lernt vom anderen. Friedfertigkeit ist nicht ein »alles schon wissen« (Besserwissen), sondern ein Fragen und Hören, bis der innere Zwiespalt von Selbstanklage und Selbstverteidigung zur Ruhe gekommen ist. Es bedarf dazu oft vieler Selbstgespräche.

Ein Mensch des Friedens ist einer, der mit sich selbst in gutem Kontakt ist, weil er gut mit sich selbst reden kann. Viele merken überhaupt nicht, wie destruktiv sie mit sich selbst umgehen und reden. Selbstvorwürfe, bis hin zu Selbstverwünschungen können das Innere in einem latenten Kriegszustand halten. Nicht wenige fühlen sich selbst im Unfrieden und gleichen einem wandelnden Bürgerkrieg. Unzufriedene Menschen sind immer zunächst mit sich selbst unzufrieden. Kein Wunder, wenn sie ab und zu explodieren und ihr inneres Chaos auf ihre Umgebung abwälzen.

Gebete sind auch Friedensgespräche. Mit dem Bewußtsein der Gegenwart Gottes wird sein Friede hinzugeschaltet. Sein Wesen ist Friede, der aus seiner Liebe entspringt!

Die Grundsubstanz echten Friedens ist die Liebe. Hier ist der Wurzelboden, auf dem Friedfertigkeit gedeihen kann. Dauerhafter innerer Friede entsteht durch eine Liebesbeziehung zu Gott. Friedlose, unzufriedene Menschen haben es jedoch schwer, sich eine solche Liebe überhaupt vorzustellen oder sie gar für sich in Anspruch zu nehmen.

Ein diktierter Frieden (Friedensdiktat) ist bestenfalls ein Waffenstillstand, der meistens nicht von langer Dauer ist.

Zur Friedensfähigkeit gehört auch die Fähigkeit, besser verstehen zu können, den eigenen Standort zu verlassen und einmal beim Gegenüber zu »stehen«, ihn von seinem Ort aus zu »verstehen«. Es ist nicht nötig, diesen Standpunkt des anderen beizubehalten. Wenn ich ihn verstanden habe, kann ich wieder auf meinen Platz zurückkehren. Ich kann mich jetzt aber besser verständlich machen, weil ich den anderen verstanden habe. Verstehen heißt nicht zwangsläufig, den Standpunkt zu wechseln. Jeder bleibt auf seinem Ufer stehen, aber der Brückenschlag kann beginnen. Der Friede ist eine Brücke, über die man in einem lebendigen Hin und Her zum anderen gelangt. Nicht Einheit durch Vermischung ist Friede, nicht ein Verstehen, weil es nur eine Meinung gibt. Friede ist höher als alle Vernunft. Er ist wie der Brückenbogen, des das Unverbundene und Getrennte verbindet. Friede ist nicht eintönig, sondern schwingt in vielen Tönen und kann auch Dissonanzen aushalten. Er ist ein lebendiger kreativer Prozeß, bei dem im Reden und im Hören eine neue, vorher nicht vorhandene Dimension des Verstehens entsteht.

Jeder echte Frieden ist eine Neuschöpfung, etwas, was es vorher so noch nicht gab. Er ist mehr als nur die Wiederherstellung von etwas, was zerbrochen war. Er ist eigentlich eine Neuschöpfung einer Beziehung. Jeder Friede, der geschlossen wird, hat seinen eigenen Charakter, ist immer Original und nicht zu kopieren. Er stammt aus der Schöpferwerkstatt des Geistes.

Eine Bedrohung des Friedens ist auch durch Gewöhnung möglich. Der Friedenszustand ist kein abgeschlossenes Paradies ohne Störung. Nichts kann ihn auf Dauer schützen, weder eine Mauer, noch Verträge, noch blindes Vertrauen. Friede ist wie ein Fremdkörper auf dieser Erde, der immer wieder geschützt und neu erschaffen werden muß. Sein Bestehen hängt von der Offenheit der Herzen und dem permanenten Dialog ab.

Auch der Friede mit Gott ist nur durch das Gespräch zu bewahren. Wer abschaltet, wird bald

Unfriede oder Gleichgültigkeit in sich spüren, weil der Sinn für die andere Seite der Wirklichkeit betäubt wurde.

Die christliche Botschaft sagt, daß Gott das Gespräch mit uns Menschen durch Jesus wieder aufgenommen hat. Deshalb wird er auch »das Wort« genannt. Auffallend war für seine Jünger seine Art zu beten, mit Gott zu reden. Sie wußten etwas von guter Religion und echter Frömmigkeit. Was sie aber bei ihm erlebten, war etwas völlig anderes. Deshalb bitten sie ihn auch einmal: »Herr lehre uns beten.« Jesus redete nicht wie ein Untertan mit seinem Herrn, oder wie ein Schüler mit seinem Lehrer. Er redete mit Gott, wie ein Freund mit seinem Freund spricht: unterwegs auf der Straße, allein in langen Nachtgesprächen, immer wenn es für ihn besonders wichtig war, den Kontakt aufzunehmen. Es war weder ein Appell mit Befehlsempfang, noch eine Litanei mit langer Wunschliste. Friede ging von ihm aus, wo immer er hinkam.

Friedensstifter sind Dolmetscher. Sie ermöglichen das Gespräch, weil sie sich an beiden Ufern auskennen. Diese Übersetzungsarbeit erfordert aber mehr als die verbale Fähigkeit, Wörter von einer Sprache in die andere zu übertragen. Für Friedensgespräche sind Menschen gefragt, die auf allen Ebenen mitschwingen, ein Ohr auch für Untertöne haben und sich in andere Menschen hineinversetzen können. Aber sie vermögen nur zwischen den Fronten zu vermitteln, wenn sie mit sich selbst im Frieden sind.

Wir leben in einer krisenhaften und von Kriegen geschüttelten Zeit. Ob dieses Zeitalter trotzdem ein Zeitalter der Liebe wird, hängt von Menschen ab, die sich zu Friedensstiftern entwickeln. Über ihrem Leben wird das Wort stehen: »Selig sind die Friedensstifter, denn sie werden Söhne Gottes sein!«

Ausdauer, Standhaftigkeit, Langmut – Stabil, aber nicht starr

Diese Begriffe stammen aus der Sprachwelt des antiken Griechenland. Von hier aus hat Paulus geschrieben, und darum ist der Ausdruck, den er an vierter Stelle in seiner Aufzählung der Lebensart eines neuen Menschen verwendet, besonders bildhaft: »makrothymia«. Genaugenommen ist es ein zusammengesetzter Begriff aus den Wortteilen »groß« (makros) und »leidenschaftlich« (thymos).

Im Wortteil makros klingt bereits der Begriff Makrokosmos an. Ein Ton von Unendlichkeit und Ausdauer schwingt darin. In unsere Alltagswelt übertragen, stellen wir uns vielleicht einen Arzt vor, der mit unendlicher Geduld einen schwierigen, chronischen Patienten behandelt, selbst wenn der Ausgang der Therapie ungewiß ist. Durchhalten auch in Situationen bei wenig Aussicht auf Erfolg.

Ein anderes Bild zeigt einen Schwimmer im Meer vor der schier aussichtslosen Aufgabe, ein Ufer zu erreichen. Er resigniert nicht, sondern spricht sich Mut zu und glaubt an einen guten Ausgang.

So ist es nicht verwunderlich, daß im Neuen Testament gerade dieser Ausdruck verwendet wird, um eine Tugend Gottes zu beschreiben, denn Gott gibt niemanden und niemals auf. Der Tugend, keinen Menschen als hoffnungslosen Fall aufzugeben, liegt nicht eine verbissene Standhaftigkeit und Starrköpfigkeit zugrunde, die wider besseres Wissen das Gegenteil behauptet. Es ist vielmehr die tiefe Überzeugung, daß es bei Gott immer noch eine Lösung gibt. Daß er letztendlich alles Unheil in Heil und allen Schaden in Gewinn verwandeln wird. Diese Überzeugung und Haltung gehört zu den Merkmalen der neuen Lebenswirklichkeit.

Der zweite Teil des Wortes, das Paulus hier gebraucht, hat etwas mit den deutschen Wörtern Mut und Leidenschaft zu tun. Diese Langmut meint nicht das starre Festhalten an Urteilen, Meinungen und Positionen, sondern entspricht eher einer dynamischen Grundeinstellung und Toleranz. Es gibt Möglichkeiten des Lebens auch über den Tod hinaus.

Die Haltung der Langmut richtet keinen Appell an die heroischen Tiefen des eigenen Herzens, sondern sie ist sich bewußt, daß es aus der Perspektive der »anderen« Welt und des neuen Lebens keine hoffnungslosen Situationen gibt. Sie mögen schrecklich genug sein, aber nicht sinnlos. Zumindest liegt in jedem aussichtslos erscheinenden Ereignis auch eine Saat, die einmal ihre Zeit und Chance haben wird.

Ein weiteres Wort, das diese Lebensart beschreibt und unseren Ohren zugänglicher ist, heißt: Stabilität. Das bedeutet: fest, aber nicht starr; tragfähig, aber deshalb kein Esel!

Stabilität als Tugend eines Herzens, das besser als der Verstand begriffen hat, daß es jenseits aller Logik und Vernunft über die sichtbare und meßbare Natur hinaus auch noch andere Wirklichkeiten gibt. Diese anderen Wirklichkeiten sind uns zwar im Sinne der Machbarkeit nicht verfügbar, und doch sind sie wirksam, weit über alle Berechnungen hinaus. Liebende, Glaubende und Hoffende haben damit ihre eigenen Erfahrungen. Wenn in Krisen der Verstand aussetzt und das Gefühl »verrückt« spielt, kann das Herz doch ruhig bleiben. Ein Wort aus dem Hebräerbrief beschreibt diese Stabilität: »Es ist ein köstlich Ding, daß das Herz fest werde, welches geschieht durch Gnade« (13,9).

Bei Langmut oder auch Großmut liegt die Betonung auf »Mut«. Meist kennen wir Mut als eine Kühnheit, trotz Angst einen Entschluß zu fassen oder etwas zu wagen. Zwar bleibt die Angst unterschwellig immer gegenwärtig, sie beherrscht aber nicht mehr das Handeln, sondern sie wird durch Mut überstimmt.

Langmut wäre dann die Fähigkeit, der Angst nach und nach das Feld streitig zu machen. Sie wird dabei mehr oder minder bewußt spürbar bleiben, aber eher im Sinne eines Motors, der Energie liefert, aber nicht Weg und Ziel bestimmt, der vorantreibt, aber nicht das Tempo angibt. Die Angst ist, in all ihrer vielseitigen Ausprägung eine unausrottbare Energie in uns. Sie kann zur Kraft werden und die Entwicklung vorantreiben. Entscheidend ist, ob sie uns in Panik treibt und lähmt, zittern läßt und in die Flucht jagt, oder ob wir sie mit immer neuem Mut beherrschen und sie als Dynamik für unser Leben nutzen können.

Eine Seite des Neuen ist aber auch die Leidenschaft. Sie ist als Begeisterung, die aus dem Geist kommt, eine wunderbare Kraft. Sie zerstört nicht, gibt aber allem, was aus ihr heraus geschieht, einen hellen Glanz. Leidenschaft gehört zur Liebe wie der Duft zur Rose, sie gehört zum Glauben wie der Wind unter den Flügeln der Adler. Leidenschaft und Faszination aus Liebe schützen uns vor Ermüdung und Resignation. Die Länge trägt zwar die Last, aber Leidenschaft aus Liebe überwindet alle zermürbende Langweiligkeit und vertreibt den Staub der Alltäglichkeit. Leidenschaft nimmt aber auch allem konsequenten Handeln die Härte, weil sie aus der Zartheit der Liebe kommt. Leidenschaft des Himmels hat nichts mit Fanatismus zu tun. Fanatiker schaffen keine neue Welt, sie zerstören nur die alte.

Der leidenschaftliche Aspekt der Langmut bewahrt uns vor Eintönigkeit und Routine immer dort, wo sich alles zu wiederholen scheint und Menschen und Verhältnisse sich viel zu langsam verändern.

Freundlichkeit – Sich wie Freunde ansehen

Freundlichkeit ist eine Tugend des Auges, die sich in der Art und Weise, wie Menschen sich ansehen, ausdrückt. Durch mein Ansehen verleihe ich dem anderen Ansehen. In unseren Augen spiegelt sich die Einstellung unseres Herzens wider. Freundlichkeit ist mehr als Höflichkeit, obwohl auch Höflichkeit im Umgang miteinander das Leben sehr erleichtern kann. Aber auf Dauer erfordert das Zusammenleben mehr als nur Selbstbeherrschung und gute Manieren.

Auch das freundliche, aber erlernte Lächeln, das verkaufsfördernde Keep-smiling hat nichts mit dem zarten oder verstehenden Blick eines Menschen zu tun, der wie ein Sonnenstrahl wirken kann. Diese von Herzen kommende Zuwendung hat ihren Ursprung in einer anderen Dimension und ist darum auch etwas völlig anderes. Diese Art von Freundlichkeit ist ein Angebot der Liebe, eine im Inneren gewachsene Frucht. Man kann sie nicht »machen«.

Normalerweise verhalten wir uns so zueinander, wie wir es in der Kinderstube gelernt und von unseren Vorbildern übernommen haben. Wir reagieren aufeinander. Behandelt man uns kühl und distanziert, verhalten wir uns dementsprechend. Werden unsere Gefühle durch Unfreundlichkeit oder Ärger zu sehr strapaziert, verlieren wir leicht die anerzogene Beherrschung und werden ungeduldig, nervös oder gleichgültig. Die Freundlichkeit wird unter dieser Haltung erstickt.

Es gibt einen Zusammenhang zwischen Freundlichkeit und Freundsein. Freundlichkeit ist die Art, in der Freunde miteinander umgehen, weil sie sich zugetan sind. Freundlichkeit und Freundschaft sind nicht selbstverständlich und nicht natürlich. So gibt es in der Natur viele Formen des Zusammenlebens, um die Erhaltung der Art zu sichern, aber es gibt keine

Freundschaft. Die kreatürliche Form des Zusammenlebens ist meist von Rivalität und vom Kampf ums Überleben bestimmt. Auch die symbiotische Lebensweise ist davon nicht ausgeschlossen. In der Symbiose braucht einer den anderen, um am Leben zu bleiben, und nicht in erster Linie, weil er ihn liebt.

Freundlichkeit ist ein Geschenk des Geistes, das erst durch den Menschen Eingang in unsere Welt gefunden hat. Es ist kaum möglich, sich Freundlichkeit zu verdienen. Mit viel Mühe und durch vorbildliches Verhalten kann ich mir vielleicht Respekt erwerben, aber weder Liebe noch Freundlichkeit.

Ich kann mich auch nicht zur Freundlichkeit zwingen. Es würde nur verkrampft wirken und eher Mißtrauen als Zutrauen wecken.

Meine Augen und mein Herz brauchen zunächst selbst einmal das Angesehen-Werden, um frei für die Liebe zu sein. Der Geist kann mir diese Erfahrung vermitteln. Wenn Gott mich ansieht, verleiht er mir ein Ansehen, das nicht zu übertreffen ist. Seine Freundlichkeit macht mich zu einem freundlichen Menschen. Sie schenkt mir Tragfähigkeit in Beziehungen und stärkt das gute Gefühl mir selbst und anderen gegenüber.

Freundlichkeit geht weit über Brüderlichkeit und Kameradschaft hinaus und bildet die Grundlage jeder tiefen Freundschaft. Jesus weist in seinen Abschiedsreden auf die Qualität einer neuen Gemeinschaft hin, wenn er zu seinen Jüngern sagt: »Ihr seid meine Freunde…« (Johannes 15,14).

Das war und ist immer noch eine Überraschung und zugleich eine Zumutung, denn es fällt uns leichter, uns einen gnädigen und sich unser erbarmenden Gott vorzustellen als einen freundschaftlichen Gott. Eine solche Freundschaft würde uns auf eine partnerschaftliche Ebene mit ihm stellen – und das entspräche nicht unseren Vorstellungen. Wir müßten uns dann selbst viel höher einschätzen und werten, als wir das tun. Es würde uns angst machen, weil es die Bereitschaft erforderte, die Verantwortung für uns und die Welt mit Gott zu teilen.

Der Zugang zu dieser neuen Vorstellung von Gott liegt im Geheimnis seiner Menschwerdung. Im Neuen Testament wird dies knapp und zutreffend von Paulus formuliert: »Es ist die Freundlichkeit und Menschenliebe Gottes erschienen…« (Titus 3,4)

Diese Freundlichkeit ist mehr als Mitmenschlichkeit und Nächstenliebe, so wichtig auch diese Tugenden sind. Sie ist auch mehr als Verbrüderung, mehr als der Ruf nach: »Freiheit, Gleichheit, Brüderlichkeit!«, der die französische Revolution einläutete. Auch Schillers »Alle Menschen werden Brüder« ist nur ein unerreichter Traum geblieben. Die Verwirklichung dieses Traumes hätte auch nicht für einen echten Wandel des menschlichen Zusammenlebens ausgereicht. Selbst das natürliche familiäre Leben ist nicht selbstverständlich der Ort, wo die Grundlagen für Freundlichkeit und Freundschaft gelegt werden. Auch hier gibt es immer noch Hierarchie und leider zu oft destruktive Energieausbrüche. Schon nach dem Schöpfungsbericht im Alten Testament war der erste Mord ein Brudermord.

In der Familie gibt es – wie überall – ein Oben und Unten, ein Groß und Klein, Ältere und Jüngere, Schwächere und Stärkere. Werden wir erwachsen, dann scheinen sich die Unterschiede von Oben und Unten, Klein und Groß auszugleichen. Es beginnt eine reifere Form des Zusammenlebens nach der goldenen Regel von Geben und Nehmen: »Wie du mir, so ich dir«. Aber auch das bringt uns noch nicht aus der Krise, wie unsere Welt das demonstriert. Für ein menschliches Zusammenleben ist eine Lebensart nötig, die aus anderen Quellen gespeist wird. Sie heißt:

»Geben ist seliger als Nehmen«. Diese »Seligkeit« ist nur möglich, wenn die Ressourcen des Gebens unerschöpflich sind.

Die neue Art des Lebens und die neue Art der Gemeinschaft, die durch »helle Augen«, die Ansehen verleihen, und durch eine freundschaftliche Herzlichkeit gekennzeichnet ist, ereignet sich an der Nahtstelle von Himmel und Erde, von menschlicher Bereitschaft und göttlicher Art. Sie wird, wo sie gelebt wird, zum »Salz der Erde« und zum »Licht der Welt«.

Güte – Eine gute Hand haben

Ach du meine Güte! Gütiger Himmel! Diese Schreckensrufe zeigen ziemlich genau das Gegenteil von dem, was mit der Lebensart gemeint ist, die hier beschrieben werden soll.

In unserem positiven Sprachgebrauch verwenden wir Güte in Verbindung mit Qualität und sprechen von Gütezeichen, Gütesiegel. Diese Ausdrücke sind aber mehr auf der Sachebene angesiedelt. Im mitmenschlichen Umgang und im psychologischen Bereich gebrauchen wir an dieser Stelle Worte wie: Echtheit, Authentizität, Identität. Wir beschreiben damit Menschen, deren äußeres Verhalten ihrer inneren Einstellung entspricht. Ihr Wollen, Denken und Tun sind eindeutig. Sie erwecken Vertrauen; man weiß, woran man bei ihnen ist.

Echte Menschen sind verläßlich und nehmen uns die Angst, von ihnen verletzt zu werden. Sie sind die wohltuenden Helfer, die echten Samariter, deren Zupacken keine unnötigen Schmerzen bereitet, sondern eher eine Wohltat ist.

Es geht, wenn wir in diesem Zusammenhang von Güte sprechen, um die Art der Berührung im weitesten

Sinn. Gütige Menschen ermutigen den, der ihre Hilfe empfängt.

Ich sehe hier im besonderen die begabten Krankenschwestern und Pfleger, Heilgymnastinnen, Masseure/innen, Chiropraktiker und die vielen anderen Helfer, die es »in der Hand« haben, die eine gute Hand haben. Die Qualität der »guten Hand« bezieht sich auch auf viele andere Bereiche, in denen es auf eine fachlich gute und menschlich freundliche Art des Zupackens, Helfens und Ratens ankommt.

Das Wort Güte wird auch im Zusammenhang mit einem wohlwollenden Umgang, einer herzlich-freundlichen Zuwendung allem Lebendigen gegenüber gebraucht.

Wenn wir sagen, daß jemand »ein Händchen« für etwas habe, meinen wir damit, daß er für den Umgang mit komplizierten Sachen begabt ist. Seine Begabung besteht nicht nur im praktischen Handeln und Verhalten, sondern auch im Umgang mit emotionalen Problemen. Güte ist weit mehr als die gute Tat, sondern beschreibt die Art und Weise, wie das Gute geschieht. Auch ein liebloser Mensch und ein Grobian können Gutes tun, vor allem, wenn es darum geht, daß jetzt das Richtige getan wird, das gerade Notwendige. Rechtschaffenheit muß nicht unbedingt immer mit Liebe zu tun haben.

Güte wächst aus der Liebe. Sie tut nicht nur Gutes, sondern sie verrichtet es darüber hinaus auf eine gute Art.

Recht und richtig, gut statt böse, Qualität anstelle von Schund sind notwendige Kategorien, aber noch keine Güte. Güte geht über das Notwendige hinaus.

Im neutestamentlichen Beispiel entspricht diese Güte der »zweiten Meile«, die einer mitgeht, obwohl nur eine Meile von ihm erwartet wurde. Güte ist das »Ein-klein-wenig-Mehr«, das »Eigentlich-doch-nichtmehr-Nötige«, das »Überflüssige«, das aber dem Leben und der Liebe erst ihren Glanz gibt. Güte schafft nicht nur Hilfe, sie schafft sie auf eine wohltuende Art.

Die gute Hand handelt aus einem guten Herzen heraus, das heißt: »mit Herz und Hand«.

Das Bild von der guten Hand paßt auch in andere Lebensbereiche, in denen Güte das Leben lebenswert macht. Der Lebenskampf härtet uns ab; die Streitereien und Auseinandersetzungen gehen an unsere Reserven und hinterlassen Narben. Güte beendet nicht nur den Kampf, sie schafft auch Geborgenheit und erneuert die verbrauchten Reserven. Sie heilt nicht nur die Wunden, sondern versteht auch mit Narben gut umzugehen. Sie bringt die verblichene Lebensfreude wieder zum Leuchten.

Güte ist mehr als Gutsein! Wo die Güte regiert, wird das Schadhafte nicht nur repariert, daß es wieder eine Weile hält, sondern es entsteht etwas Neues, das besser ist.

Aus Feinden werden nicht nur verträgliche neutrale Nachbarn, sondern Freunde. Güte bewirkt Freundschaft. Ihre Art, zu vergeben, ist anders als unser übliches »Vergeben und Vergessen«. Normalerweise verstehen wir unter Vergebung, daß ein Zustand, der durch Schuld gestört wurde, wieder hergestellt wird. Vielleicht gehört zur Wiederherstellung sogar auch eine Wiedergutmachung. Vergebung in diesem Sinne vermag auch zu heilen. Güte aber, als Frucht göttlicher Liebe, geht darüber hinaus und bewirkt etwas Neues, noch nicht Dagewesenes.

Göttliche Güte, von der die menschliche Güte ein Abbild ist, schafft durch Vergebung eine neue Lebensqualität, eine neue Beziehungsebene. Aus Sklaven werden Kinder, aus Schuldigen Söhne Gottes.

Unsere menschlichen Vorstellungen und Fantasien sind mit dem Neuen in einer neuen Welt überfordert.

Wir können immer nur im Sinne von Verbesserungen denken. Wir wollen bessere Verhältnisse, Steigerung der Lebensqualität, noch größeren Wohlstand. Neues Leben ist aber keine verbesserte Neuauflage des alten. Sein Gütezeichen ist das »Noch-nie-Dagewesene«.

Göttliche Güte können wir nicht erringen oder sie uns antrainieren; wir können uns ihr nur öffnen und sie als Wohltat in uns wirken lassen. Die Herzensgüte Gottes ist eine unvorstellbar lebensspendende Art, auf die unsere Seele reagiert, wenn wir davon berührt werden.

Unsere Alltagswelt läßt sowohl beruflich als auch privat nicht viel Raum für diese ungewöhnliche Umgangsform, für diese neue zwischenmenschliche Umgangsart. Bei uns muß alles schnell und effektiv gehen und möglichst reibungslos funktionieren. »Ach du meine Güte« sagen wir, wenn etwas nicht sofort klappt. Das Neue braucht aber viel Zeit und ist wahrscheinlich unrentabel. Güte nimmt tatsächlich mehr Zeit in Anspruch und ist nicht in erster Linie erfolgsorientiert. Sie wirkt in unserer Welt fast weltfremd. Aber durch Güte wird das Leben lebenswerter, und alles Gute wird durch sie zur Wohltat.

An der Lebensart der Güte wird der Unterschied zwischen Erfolg und Frucht deutlich. Güte ist nicht zu machen; sie wächst. Kinder, die noch unverdorben empfinden, haben ein klares Gespür für einen Menschen, der gütig ist. Für sie ist die Art, in der ihnen jemand begegnet, noch wichtiger als das teure Geschenk, das er mitbringt. Sein Blick, sein Ton, die Art der Berührung sind für sie entscheidend, entscheidender als die äußere Erscheinung und als das, was er sagt.

Treue, Zuverlässigkeit – Tragfähig, aber kein Esel sein

Das Wort »Treue« hat in den letzten Jahren einen Bedeutungswandel erfahren. So kann es geradezu peinlich sein, heute einen Menschen als »treu« zu bezeichnen. Dahinter verbirgt sich nicht selten der Eindruck, daß mit ihm eigentlich nicht viel anzufangen ist; aber er ist eben immer treu zur Stelle, man kann sich wenigstens auf ihn verlassen. Zum negativen Gebrauch des Wortes gehört oft auch die Meinung, daß ein »Treuer« zwar verläßlich, dafür aber ein sturer Prinzipienreiter ist.

Treue bezeichnete ursprünglich eine der höchsten menschlichen Qualitäten, und sie war für den Umgang miteinander eine unerläßliche Tugend. Dem Treuen kann man trauen. Auf den Treuen ist Verlaß. Treue ist Zuverlässigkeit!

In der Zeit, wo Treue noch viel galt, konnte man Verträge ohne einen Notar abschließen, allein auf »Treu und Glauben«. Das Wort und der Handschlag des Treuen galt unverbrüchlich.

Viele Erzählungen, viele Heldensagen und Märchen berichten von der »Treue bis zum Tod«.

»Treu und Glauben« meinen eigentlich dasselbe. Man gelobt (glaubt) etwas und hält in Treue das Versprochene, das Gelobte, fest. Unser Wort »glauben« leitet sich aus dem Wort »geloben« ab.

Auch im religiösen Sprachbereich wurden die Begriffe Glaube und Treue inhaltlich sehr ausgeweitet und damit unscharf und mißverständlich. »Man hat einen Glauben«, »man ist gläubig«, »man spricht ein Glaubensbekenntnis«, »man gehört einer evangelischen oder katholischen Glaubensgemeinschaft an« usw. Auch wenn von der »Treue« zu Gott, zur Bibel, zur Gemeinde oder von der Treue zur Sache die Rede ist, macht das den Begriff nicht deutlicher. Zuviel unmenschliches Verhalten berief sich auf »Treu und Glauben«. Auch sich selbst gegenüber konnte man aus Glaubensgründen unerbittlich und bis zur Selbstzerstörung grausam sein. Das Objekt meiner Treue konnte alles von mir verlangen: Ich war ihm treu bis zur Selbstaufgabe. Das hatte aber nichts mehr mit dem Evangelium zu tun.

Das neutestamentliche Denken erweiterte das Verständnis von Treue und Glauben um einen entscheidenden Aspekt: Gott ist sich selbst treu, und das macht ihn für uns so absolut zuverlässig.

Sich selbst treu zu sein ist die wichtigste Voraussetzung für jedes andere Treusein. Wer nicht zu sich selbst steht, kann auch nicht zu anderen stehen. Ein Beispiel mag das verdeutlichen. Wer einem Menschen oder einer Sache treu ist, ohne darauf zu achten, daß er sich selbst nicht verrät, geht an seinem Objekt der Treue in der eigenen Person verloren. Er ist dann nicht mehr er selbst, sondern läßt sich von dem bestimmen, was er für den anderen bedeutet.

Wer sich selbst verliert, hat alles verloren. Damit hat auch der andere, dem diese Treue gilt, nicht mehr mit dem zu tun, der ihm einst Treue schwor. Er besitzt dann nur eine leere Hülse, denn was der Treue einmal war, ist er jetzt nicht mehr.

Treue gibt es nur in einer lebendigen Beziehung, die sich in einem ständigen Wandlungsprozeß befindet.

Wir haben in den letzten Jahrzehnten sehr deutlich den Verlust und die Entartung des Treuebegriffes erlebt. Einer Sache, einer Idee, einem Führer oder irgendeinem Ziel treu zu sein, kommt oft einem Verrat am eigenen Leben gleich, einem Verlust an Individualität und Einmaligkeit. Die katastrophale Verirrung vieler Menschen besteht darin, wie Herdentiere hinter einem Führer herzulaufen und das eigene Denken und

Entscheiden an ihn zu delegieren. Treueschwüre dieser Art sind tausendfach mit Enttäuschung und Tod bezahlt worden.

Genauso verhält es sich auch in persönlichen Beziehungen. Niemand kann einem Menschen treu sein, wenn er in diesem Verhältnis nicht er selbst sein kann.

Keiner kann sich auf mich verlassen, der mir nicht mein Selbst läßt, der mich nur so will, wie er mich gebrauchen kann. Wer die Treue eines Menschen in Anspruch nimmt, ohne darauf zu achten, daß dieser mit ganzem Herzen dahintersteht und sich selbst treu bleibt, mißbraucht ihn.

Treue ist so zu einem sehr dynamischen Begriff geworden; sie ist ein Treuegelöbnis zu einer lebendigen Beziehung in gegenseitiger Achtung.

Das ist in seiner tiefsten Dimension eigentlich nur in der Beziehung zu Gott zu erfassen. Glaube, d. h. die Treue zu ihm kann nur in größter Freiheit und Freiwilligkeit bestehen. Beziehungen, die der Geist bewirkt, erkennt man an der Freiheit. »Wo der Geist des Herrn ist, da ist Freiheit!« beschreibt Paulus dieses Verhältnis (2. Korinther 3,17)

In einem Leben mit Gott kann deshalb auch die Angst verschwinden, denn Gott steht nicht zu mir, weil ich mich so gut verhalte, sondern weil er sich selbst treu ist. Er steht ohne Bedingungen zu seinem Wort, zu seiner Liebeserklärung an mich. Er ist für mich – unabhängig davon, ob ich gerade für ihn bin. Diese Überzeugung macht den Glauben so angstfrei und lebendig. Ich darf sein, der ich bin, und darf werden, der ich sein kann, ohne fürchten zu müssen, daß ich von ihm abgeschnitten und bestraft werde. Meine Beziehung zu Gott wird dadurch immer mehr zu einer Liebesbeziehung.

Die alttestamentliche Formel »Auge um Auge, Zahn um Zahn« hat durch das Neue Testament ihre Gültigkeit verloren. Auch die zwischenmenschliche Verhaltensweise »Wie du mir, so ich dir«, das Leben auf der Grundlage von Reaktionsmustern, ist nicht die höchste Lebenskunst. Zum Weiterleben brauchen wir eine neue Qualität. Es ist, bildlich gesprochen, die Art der überfließenden Quelle. Sie gibt nicht, weil man sie vorher »gefüttert« hat oder weil sie nachträglich für ihr Wasser etwas zurückerhält. Geben ist ihre Natur!

Der treue, zuverlässige Gott handelt nicht als Reaktion auf mein Wohlverhalten, sondern aus dem Überfluß seiner Liebe heraus. Diese Lebensart entspricht dem Leben, das der Geist als seine Frucht in uns zum Wachsen bringt. Sie basiert nicht auf einer besonderen Charakterstärke und ist auch nicht abhängig von günstigen Bedingungen. Darin liegt die Zuverlässigkeit und die entängstigende Wirkung dieser Treue.

Sich selbst treu sein basiert auf dem Wurzelboden einer tiefen Selbsteinsicht. Wer sich selbst nicht kennt, weiß auch nicht, was ihm entspricht. Er wird leichter unter Fremdbestimmung geraten. Aber auch der Wurzelboden der Selbsterkenntnis reicht nicht zur Verwandlung aus. Erst die Dynamik des Geistes schafft die Energie, die das Herz verwandelt.

Der Treue lebt aus seinem Herzen, von ganzem Herzen. Er ist niemandes Eigentum. Abhängige und Sklaven sind nur so lange zuverlässig, wie ihre Knechtschaft dauert. Nur der Freie kann sich selbst treu sein.

Es gibt viele leergelaufene Beziehungen und Bindungen, die nicht mehr lebendig sind, sondern nur noch aus »Treue« zusammenhalten. Die Liebe, die, wie ein Sprichwort sagt, »ein Kind der Freiheit« ist, ist aus solchen Verbindungen ausgewandert. Sie waren zu starr auf Versprechen und Absprachen aufgebaut, die nicht die Persönlichkeit des anderen berücksichtigten, sondern nur einen bestimmten Aspekt seiner Person. Bindungen bleiben nur lebendig, wenn sie mit dem

Wachstum und der Entwicklung der Partner Schritt halten. Nur ein Toter verändert sich nicht mehr. Lebendige Menschen bleiben in Bewegung, solange sie leben. Nur wer sich wandelt, bleibt sich treu, und nur wer in Bewegung bleibt, ist zuverlässig.

Die Zuverlässigkeit anderen gegenüber ist an die Herausforderung gebunden, auch mit sich selbst souverän umgehen zu lernen. Bindungen und Abhängigkeiten existieren nicht nur in der Außenwelt, sondern im Inneren jedes einzelnen. Viele sind Knechte ihrer Gewohnheiten, Leidenschaften und Stimmungen. Weil sie in sich unfrei sind, können sie auch nicht zuverlässig sein. Die Stabilisierung der Treue geschieht durch Reife und den zuverlässigen Umgang mit sich selbst.

Wachstum ist somit auch eine Aufgabe nach innen. Das Maß an Treue ist ein Kennzeichen dafür, wie weit die Frucht reif geworden ist.

Sanftmut, Flexibilität – Biegsam, aber nicht zerbrechlich

Das Wort Sanftmut ist aus unserer Alltagssprache fast verschwunden. Früher, als die Sprache noch stark aus dem religiösen Raum mitbestimmt wurde, war Sanftmut als Ausdruck und Haltung noch gut bekannt. Es beschrieb eine Art von Nachgiebigkeit, wie sie sich für Untertanen gehörte. Natürlich sollte es keine übertriebene Unterwürfigkeit sein, dafür stand die zweite Silbe des Wortes: »Mut«.

Was war ursprünglich mit diesem Ausdruck gemeint?

Das Bild, das hinter dem griechischen Wort Sanftmut steckt, stammt aus einer inzwischen ausgestorbenen Berufsgruppe: den Walkern. Ihre Aufgabe war, den frisch gewebten Stoff durch »Walken« tragfähig zu machen. Die Gewebe kamen damals nicht so dünn und elastisch aus der Herstellung wie heute. Die damalige Technik bot keine ausreichende Voraussetzung dafür, einen frisch gewebten Stoff sofort zum Tragen zu verarbeiten. Stoffe und Leder mußten erst mittels bestimmter Handgriffe und »Weichmacher« gewalkt werden. Erst wenn die Stücke weich und anschmiegsam waren, konnten sie verkauft werden. Der so behandelte Stoff war dann im Sinne unseres Wortes »sanftmütig«.

Später mißbrauchte man das Wort »durchwalken« auch für die besonders intensive Methode der Bestrafung: Kinder oder andere, die es nötig hatten, windelweich zu schlagen.

Abgesehen von dieser unangenehmen Assoziation haben wir keine Schwierigkeit, uns vorzustellen, wie angenehm sich ein Kleidungstück anfühlt, das nicht mehr steif und kratzig ist. Im übertragenen Sinn könnte auch ein Mensch so angenehm und »gut zu haben« sein, wenn er sanftmütig ist.

Auch andere Bilder und Worte beschreiben diesen Wesensausdruck. Ich benutze gern den Ausdruck Flexibilität, obwohl auch dieser nur einen Teil des Inhaltes trifft. Sie ist eine besondere Art, mit Menschen und Dingen und auch mit der Natur umzugehen. Es bedarf einer speziellen Aufmerksamkeit und Sensibilität, wenn wir auf etwas reagieren. Flexibel kann nur der sein, der gelassen ist und nicht hastig oder nervös, starr oder rigide reagiert. Selbst Tiere spüren diese Art der Sanftmut und verlieren dabei ihre angstvolle Aggressivität.

Aber auch Ärzte und Pfleger, die geistesgestörte Menschen behandeln, können durch eine lockere flexible Haltung und ihre innere Freiheit eine beruhigende Wirkung auf verspannte Patienten haben.

Die griechischen Philosophen meinten, die Sanftmut sei eine Tugend der Weisen, die sich besonders in der Fähigkeit ausdrücke, mit Geld, Gütern und Ehrungen souverän umzugehen. Sokrates sprach davon, daß diese Art die Edelgesinnten und wahrhaft Gebildeten auszeichne und die größte Tugend der Frauen sei.

Auch das deutsche Wort Sanftmut ist von seiner Wurzel her sehr interessant. In unseren Sprachgebrauch drang es erst durch Luthers Bibelübersetzung (1552) ein. Sanft hat ursprünglich einen indogermanischen Wortstamm und bedeutet »eins« im Sinne von einig. Später entwickelte sich daraus die Vorstellung von »Einssein« als eine Art des freundlichen Beisammenseins in gegenseitiger Zustimmung. In der Weiterentwicklung wurde das »Einigwerden« betont, und schließlich beschrieb es das »Sammeln« bis hin zu »samt« und »sämtlich«. Nicht weit entfernt von sanft ist das Wort »Sänfte« angesiedelt, ein Tragsessel, der den beschwerlichen Weg erträglicher macht.

Es gibt keinen neueren deutschen Begriff, der die Vielfalt der Bilder zusammenfassen könnte. Das Wort »Flexibilität« beschreibt einen Teil dieser Haltung. Es ist das Gegenteil von Starrheit, von verbissenem Festhalten an Prinzipien oder an alten Erfahrungen. Flexibel sein heißt: das herausfinden, was im Augenblick das Tragbare, das Geeignete ist. Es bezeichnet die Bereitschaft, sich auf Situationen und auf Menschen immer wieder neu einzustellen.

Es kann auch die Fähigkeit beinhalten, unter Umständen den Ort oder die vorgegebene Konstellation zu wechseln, wenn das Leben durch diese blockiert ist. Es meint das, was mit dem Wort ausgedrückt wird: »Keinen neuen Wein in alte Schläuche!«

Alte Formen können verlassen und neue gefunden werden. Flexibilität ist durch Beweglichkeit gekennzeichnet. Die Wahrheit muß immer wieder neu formuliert und gestaltet werden. Sie braucht Bilder, die der Gegenwart entsprechen. Alte Bilder können sinnentleert und unwahr werden.

Flexible Menschen sind überall zu gebrauchen. Sie sind nicht auf günstige Bedingungen und ideale Voraussetzungen angewiesen. Sanftmütige erkennen die Möglichkeiten und bleiben nicht in Schwierigkeiten und Problemen stecken. Sie gehen durch offene Türen und nicht mit dem Kopf durch die Wand. Ihre Lebensart ist nicht abhängig von festen Formen und Formeln. Ihre Beweglichkeit schließt die Möglichkeit mit ein, sich nicht nur innerlich, sondern, wenn nötig, auch ganz praktisch auf den Weg zu machen und unter Umständen Haus und Hof, Stadt oder Land, vielleicht sogar ihre Tradition zu verlassen. An jedem neuen Ort werden sie sich schnell wieder einleben und nicht lange Fremdkörper bleiben. Flexible Menschen sind erfinderisch, das jeweils Angemessene zu entdecken und das Entsprechende zu tun.

Sanftmütige kämpfen nicht um Macht oder Recht und wollen andere auch nicht um jeden Preis von ihrer Wahrheit überzeugen. Sie fühlen sich dem Leben verpflichtet und haben ein Gespür für das neue Leben, ganz gleich, in welcher Gestalt es sich zeigen mag.

Das zutreffendste Bild für Sanftmut ist das Wasser. Wasser findet überall Eingang, füllt jede Lücke, ist zart und unendlich beweglich. Es macht Hartes weich und Dürres wieder lebensfähig. Wo Wasser ist, kann Leben gedeihen.

Die Sanftmut des Wassers hat noch eine andere Seite. Wasser ist erstaunlich tragfähig. Die schwersten Lasten werden auf ihm transportiert. Es trägt, ohne zu klagen. Wasser ist weich und zart, aber auch hart und stark. Es kann sogar Eisen biegen.

Der dänische Philosoph Sören Kierkegaard beschreibt die Sanftmut als die Fähigkeit, eine schwere

Last leicht zu tragen. Man kann, so sagt er, eine schwere Last auch schwer tragen. Alle merken dann, wie schwer es der Träger hat, und bewundern oder bedauern ihn. Wer eine schwere Last leicht trägt, entspricht der Sanftmut des Wassers.

Im Alten und Neuen Testament wird den Sanftmütigen versprochen, daß sie das Erdreich besitzen werden. Damit ist die neue Art beschrieben, in der die Welt allein regiert werden kann, ohne in Chaos und Zerstörung zu enden. Sanftmut ist der Vorgeschmack einer zukünftigen Welt.

Konzentration – Souverän mit sich umgehen

Zunächst wird kaum jemand hinter dem Ausdruck Konzentration das alte biblische Wort »Keuschheit« vermuten. Das Wort ist heute dem eigentlichen Begriff, der hier in unsere Wirklichkeit übersetzt werden soll, weitgehend entfremdet und darum nicht mehr brauchbar. Es ist auf den Raum der Sexualität eingeschränkt worden und mit ambivalenten Empfindungen besetzt. Neuere Übersetzer verwenden anstelle von »Keuschheit« die Begriffe »Selbstbeherrschung« oder »Enthaltsamkeit«.

Das Bild für die hier gemeinte Qualität der neuen Lebensart läßt sich besser mit dem Wort Konzentration beschreiben. Es handelt sich weniger um die Beschreibung einer Verzichtshaltung oder Selbstdisziplinierung als um den Umgang mit einer großen Energie. Wenn ein Sportler sich voll auf sein Ziel konzentriert, wird ihn weniger interessieren, auf was alles er verzichten mußte, um seine sportlichen Ziele zu erreichen.

Ein Mensch, der etwas Hohes oder für ihn Wichtiges vor Augen hat, ist das ganze Leben ein konzentriert gelebtes Leben. So ist Konzentriertsein eine wesentliche Haltung, wenn es um ein erfülltes Leben geht.

Konzentration kann sich auf viele Bereiche beziehen. Ich konzentriere mich, wenn ich etwas ganz Entscheidendes sagen will oder eine lebenswichtige Nachricht überbringe, bei der es keine Mißverständnisse geben darf, weil so viel davon abhängt, ob sie verstanden wird. Ich muß eine genaue Wortwahl treffen und volle Aufmerksamkeit aufbringen, um Störungen und Mißverständnisse zu vermeiden. Im Neuen Testament ist das zugespitzt so formuliert: »Wer mit keinem Wort fehlt, der ist ein vollkommener Mensch« (Jakobus 3,2). Jeden großen, wichtigen Auftrag werde ich mit konzentrierter Wachsamkeit ausführen und meine Haltung und Lebensgewohnheiten darauf einstellen. Ein anderer Ausdruck dafür wäre auch »Disziplin«.

Beide Ausdrücke – Konzentration und Disziplin – beschreiben die zielgerichtete und gesammelte Kraft. Im Unterschied zur Askese, die den Verzicht stärker betont, geht es bei der Konzentration als Frucht des Geistes mehr um eine zielgerichtete Haltung, die nach und nach das ganze Leben erfaßt. Nur vom Ziel her kann ich bestimmen, was gut für mich und was zu vermeiden ist. Wer kein Ziel hat und nichts Bestimmtes erreichen will, braucht sich nicht zu konzentrieren. Viele leben wahllos, beliebig, zufällig in der Absicht, mit wenig Aufwand möglichst viel zu gewinnen. Ihre Zeit ist das Jetzt. Die Fragen nach dem Woher und Wohin ihres Lebens scheinen für sie keine Bedeutung zu haben.

In der neuen Lebensart wird alles bedeutsam. Nicht nur das, was ich tue oder lasse, ist wichtig, sondern auch, wie und zu welchem Zeitpunkt ich etwas tue.

Meine Zeit, meine Begabungen und meine Möglichkeiten sind nicht zufällige Produkte meines Lebens, sondern bedürfen der Integration und Gestaltung. Wer sich entschlossen hat, ein Leben in der Liebe zu lernen, hat sich für keine leichte Aufgabe entschieden.

Leben ist nie einfach, sondern immer differenziert, komplex und aufregend vielseitig. In der Natur scheint sich alles wie von selbst zu entwickeln. Erst in großen Zeitabläufen der Evolution sind die Veränderungen zu erkennen. Die Schöpfung erreicht ihre Ziele, wenn auch erst in unendlichen Zeiträumen und auf erschreckenden Umwegen.

Als Menschen sind wir aber nicht nur Geschöpfe, sondern auch Mitschöpfer. Wir sind aufgefordert, am Ganzen sinngebend mitzuwirken.

In der Liebe, der tiefsten Sinnfüllung des Lebens, wird Lebensgestaltung zur Kunst. Die Liebe als höchste Ausprägung des menschlichen Wesens und als Kunst des Lebens erfordert besondere Aufmerksamkeit und Konzentration.

Viele Störfaktoren behindern jedoch diese Lebenskunst. Die meisten Irritationen kommen aus uns selbst, aus den ungeordneten Kräften unserer Gefühlswelt, wie Stimmungen, Lust und Unlust, Verärgerungen und Kränkungen, unbewußtes Geltungsbedürfnis und Minderwertigkeitsgefühle. Sie bilden zusammen eine Heeresmacht gegen die Entfaltung der Liebe in und durch uns.

Auch der Körper hat seine Störfelder und bremst unseren Eifer durch Krankheit, Trägheit oder durch spezielle Bedürfnisse, die immer sofort befriedigt werden wollen. Hierher gehören auch die ungeordneten Triebenergien der Sexualität. Hinzu kommen die Gewohnheiten und Fixierungen unseres Denkens, die uns oft vom eigentlichen Ziel ablenken.

Alle Kräfte und Begabungen aus Leib, Seele und Geist warten sehnsüchtig darauf, geweckt und dem Ganzen zugeordnet zu werden und die Gestalt zu finden, die ihrer Berufung und Einmaligkeit entspricht.

Was uns dabei von außen her angeboten wird, ist nicht immer förderlich. Zu viele Marktschreier versprechen uns ein leichtes, besseres und sicheres Leben. Sie erwecken den Eindruck, als sei alles nur eine Frage der richtigen Methode, um das Leben »in den Griff« zu bekommen. »Man braucht nur«, »man sollte dies oder jenes tun«, »man muß nur zu dieser oder jener Gruppe gehören« – und alles ist erreicht!

Die Vereinfacher sind auf ihren »Missionszügen« sehr erfolgreich. »Schließe dich uns an«, und alles wird ganz einfach! Die meisten Menschen leben in der Illusion, daß nach schwerem Anfang alles besser wird. »Stell dich zu uns auf die Rolltreppe, und es geht aufwärts mit dir!«

Wirkliches Leben will aber gelernt sein, und Reifen erfordert unsere ganze Aufmerksamkeit. Je mehr wir lernen und unsere Fähigkeiten wachsen, desto vielseitiger werden die Möglichkeiten und Aufgaben, desto wichtiger wird auch die Konzentration. Jede höhere Lebensform muß sich gegen die niedere durchkämpfen. Das Neue hat immer das Alte zum Feind.

Jesus hat seinen Jüngern kein langes und auch kein bequemes Leben versprochen, aber eines, das unserer tiefsten Sehnsucht entspricht. Er versprach eine überfließende Art des Lebens, das nie wieder aufhört; ein Leben, das es früher noch nicht gegeben hat, das jetzt aber reif ist, ans Licht zu kommen, und das alle Bereiche beeinflußt und verändert. Alle Verliebten haben einen Vorgeschmack von dieser neuen Möglichkeit des Erlebens. Gemeint ist jedoch kein Stimmungshoch mit anschließender Ernüchterung, auch kein Stammplatz zum Sitzenbleiben oder ein symbiotisches Höhlendasein. Leben spielt sich in Bewegung und Entfaltung ab. Es entspricht eher einer Bergtour als einer Talfahrt. Deshalb ist Konzentration gefragt.

Der Asket verzichtet auf die Bedürfnisse des Körpers, der Fanatiker auf die Vielfalt der Gefühle und auf den Reichtum der Gedanken.

Der neue Mensch öffnet sich allen Begabungen von Leib, Seele und Geist und nicht einseitig nur einem Bereich seines Lebens. Von dieser Vielfalt her versteht sich die Notwendigkeit der Konzentration, der Sammlung aller Kräfte und der Ordnung, um von der Persönlichkeitsvielfalt nicht immer wieder zerrissen zu werden. Es geht um nichts Geringeres als um eine Meisterschaft in der Kunst des Lebens. Aber noch ist kein Meister vom Himmel gefallen, sondern wir sind alle Lernende.

Der Meister des Lebens ist der Geist, der uns, in dem Maß, wie wir es zulassen, in seine Wahrheit einführen will, jeden einzeln in seine Wahrheit der Liebe, die Gott ist.

Die Liebe, zu der wir erschaffen wurden und zu der wir befreit werden können, will sich in jedem einzigartig und einmalig ausdrücken. Konzentration und Selbstbeherrschung sind die Tugenden, die dazu verhelfen, dies zu verwirklichen. Der griechische Philosoph Sokrates meinte, daß die Konzentration eine Kardinaltugend sei mit dem Ziel des freien, auf sich selbst gestellten Menschen, der von nichts beherrscht wird, sondern alles in Freiheit beherrscht. Den Vorgeschmack dieses Lebensgefühls kennen wir aus Situationen, in denen wir besonders konzentriert lebten. Ich erinnere an den Anfang einer neuen Beziehung; an die Tage vor einer großen Reise; an die Vorbereitungen für ein wichtiges Fest, oder auch an die Wochen vor einer großen Prüfung. Da gab es viel Arbeit und Aufregung und gespannte Wachsamkeit, aber alles war getragen von einer positiven Grundstimmung und der hoffnungsvollen Erwartung, daß es sich lohnt, so intensiv zu leben und mit allen Sinnen wach zu sein.

Die Liebe sucht ihren Weg in Zeit und Raum

Viele Erkenntnisse können wir grundsätzlich bejahen, aber wir sind oft nicht fähig, die gewonnenen Einsichten in die Realität unserer Alltagswelt umzusetzen.

Eine Frucht wächst nach den inneren Gesetzen ihrer Natur. So wächst auch die Frucht des Geistes nach den in ihr wohnenden Gesetzen des geistlichen Lebens. Doch sind wir als Menschen nicht nur unbeteiligte Empfänger dieser göttlichen Gnaden, sondern mit unserer ganzen Persönlichkeit zur Mitarbeit herausgefordert. So wie ein Landwirt nicht das Wachstum schaffen kann, aber den Acker vorbereitet und die wachsende Saat pflegt, so ist unser Engagement für unsere Persönlichkeitsentwicklung gefragt.

Die folgenden Kapitel stehen unter dem Leitwort »Wandlungen«. Sie sind in ähnlicher Form schon einmal in einem Buch mit diesem Titel erschienen. Da das Buch aber schon längere Zeit vergriffen ist und aus »theologischen« Gründen nicht mehr aufgelegt wurde, erscheinen die Texte hier wieder als Anleitung zur praktischen Mitarbeit, damit die Frucht der Liebe bei uns besser gedeihen kann.

»Wandlungen« war ein Handbuch für die Arbeit am eigenen Charakter, zur Entwicklung der Persönlichkeit und zum besseren Verstehen geistig-geistlicher Zusammenhänge. Viele Hauskreise und geistliche Gruppen haben es als Textbuch für ihren gemeinsamen Weg genutzt, zur Erweiterung des Horizonts und zur Neuentdeckung alter Weisheit für die Lebenswirklichkeit heute.

Diese Gründe ermutigten uns, einzelne Kapitel in überarbeiteter Form noch einmal zu veröffentlichen.

Mit Grenzen leben lernen

Grenzerfahrungen sind nötig zur Selbsterfahrung. Erst in der Begegnung mit den Grenzen meiner Gaben, meiner Kräfte und meiner Möglichkeiten werde ich mir meiner selbst bewußt und lerne, zu meinem Leben ja zu sagen. Auch die Grenzen, die mir von der Umwelt aufgezwungen werden, führen mich in die Selbsterfahrung, wenn ich mich nicht resigniert zurückziehe oder depressiv werde und damit meine Grenzen leugne. Erst am Widerstand, an der Belastung, an der Grenze entsteht eine Chance, zu wachsen und stark zu werden. Ein Muskel beispielsweise kann durch Belastung trainiert und gestärkt werden; der Wille bildet sich auch am Nein der Umwelt, und die geistigen Fähigkeiten wachsen ebenso an der Herausforderung.

Die Ich-Grenze und damit die spätere Willensfähigkeit und Willensstärke entsteht durch Abgrenzung, durch das Nein, das ich durch einen anderen erfahre. Das ist zum Beispiel die Mutter, die dem Kind ihren Willen entgegensetzt und es damit herausfordert. Sie gibt ihm die Möglichkeit, sich in Trotzphasen von ihr abzugrenzen und sich dadurch selbst zu finden. Geschieht dieser Vorgang in einer liebevollen Atmosphäre, dann sind solche Grenzziehungen wertvolle Hilfen. Fehlt es dagegen an der guten, von Liebe geprägten Art, werden oft tiefe Frustrationen gesetzt, die das spätere Leben beengen und an seiner Entfaltung hindern.

Wem alle Schwierigkeiten aus dem Weg geräumt werden, wer keinen Widerstand zu überwinden hat, wer nicht erlebt, daß er nicht allein auf der Welt ist, sondern sich mit anderen arrangieren muß, der verliert die Möglichkeit, stark zu werden und zu reifen. Er hat nicht die Trainingsbedingungen, die ihn für den

Lebenskampf zurüsten. Die daraus entstehende Ich-Schwäche und damit Willensschwäche ist eine der Ursachen für neurotische Entwicklungen oder für partielle Lebensuntüchtigkeit. Grenzenlose Freiheit kann jedoch ebenso lebensfeindlich sein wie eine zu starke Einengung des Lebensraumes.

Neben den Grenzen, die unsere Umwelt uns setzt, gibt es auch die in uns selbst liegenden Widerstände und Blockierungen. Krankheiten, Behinderungen oder das Alter stellen uns vor unbekannte Grenzerfahrungen, die verarbeitet werden müssen. Die Grenzen des Intellekts und kreativer Fähigkeiten können ebenso einschränkend sein wie soziale Begrenzungen. Die Reife eines Menschen zeigt sich im richtigen Umgang mit seinen Grenzen. Es gibt drei Möglichkeiten:

Wir können unsere Grenzen annehmen und bejahen.
Wir können unsere Grenzen überspringen.
Wir können unsere Grenzen erweitern.

Grenzen annehmen

Manchmal neigen wir dazu, unsere Grenzen zu ignorieren und uns zu überschätzen. Es gibt eine Rebellion gegen alle Begrenzungen, die etwas Unreifes an sich hat, denn jeder hat finanzielle oder gesundheitliche Grenzen, auch Grenzen, die durch eigene Entscheidungen gesetzt wurden, wie zum Beispiel die Entscheidung für einen Partner oder für einen Beruf. Wer seine Grenzen nicht sehen will, wird sich und seine Umwelt damit unter Druck setzen und leiden.

Die Mißachtung der Grenzen wirkt sich leider auch darin aus, wie wir mit unserer Umwelt umgehen. Die Maßlosigkeit und die Unfähigkeit, Grenzen des

Wachstums und des Fortschritts zu erkennen, bringen die Welt an den Rand ihrer Existenz.

Wenn ich eine Grenze erkannt habe, folgt als nächster Schritt, sie zu betrauern. »Trauerarbeit leisten«, ein Begriff, der auf Sigmund Freud zurückgeht, bedeutet kein resignierendes Bedauern, kein Beleidigtsein und Sich-Zurückziehen, sondern eine gründliche Verarbeitung der akzeptierten, nicht überwindbaren Grenzen. Diese Arbeit müssen wir am stärksten dort leisten, wo wir Verluste erlitten haben, zum Beispiel den Verlust lieber Menschen durch den Tod oder wenn Kinder das Haus verlassen und sich unserem Einfluß entziehen. Auch altersbedingte Einschränkungen unserer Lebensmöglichkeiten müssen anerkannt und betrauert werden.

Grenzen wollen von uns ernst genommen werden. Zum Prozeß der Verarbeitung gehört die Fähigkeit, die Verluste in das Bewußtsein aufzunehmen und nicht zu verdrängen, den Schmerz zuzulassen und ihn auszuhalten. Das tut weh, denn jede solche Grenzerfahrung ist eine Kränkung unseres narzistischen Grundgefühls, unseres Selbstwertgefühls, die nicht nur mit dem Bewußtsein, sondern ebenso auch auf der emotionalen Ebene integriert werden muß. Wer »Trauerarbeit« leistet, zieht sich aber nicht in die Höhle des Selbstmitleids zurück, sondern nimmt die Schmerzen über den erlittenen Verlust an. So kann er einen neuen Standort gewinnen, der ihn zu einer neuen Freiheit führt. Aus dieser neuen Freiheit heraus wird er das bejahen, was ihm nach dem Verlust an Zeit und Kraft und Möglichkeiten geblieben ist, um sein Leben neu zu gestalten.

Folgen mangelhaft geleisteter »Trauerarbeit« zeigen sich in Resignation und Depression, in Neid, Eifersucht, Mißgunst, Haßgefühlen sich selbst und anderen gegenüber und im Aufbegehren gegen die bestehenden Verhältnisse. Auf diese Weise geht ungemein viel Kraft verloren, und mancher leidet an seinen unverarbeiteten Grenzen wie an einer inneren Blutung. Nach dem Abtrauern des Verlustes müssen die verbleibenden Grenzen bejaht werden, um eine positive Einstellung zu sich selbst zu gewinnen und um die Energien aus den für ihn verbliebenen Möglichkeiten freizusetzen. Wer seine Grenzen bejaht, wird fähig, nicht nur das Notwendige zu leisten, sondern das noch Mögliche zu gewinnen.

Grenzen überspringen

Es gibt auch Grenzen, die wir nicht annehmen, weil wir sie als Herausforderung erleben, unsere Kräfte zu sammeln, um sie zu überspringen. Es gibt eine Fülle von Beispielen, in denen Menschen die Mauern ihrer sozialen und geistigen Grenzen übersprungen haben und damit für ihr Leben ganz neue Dimensionen gewinnen konnten. Oft waren dabei die natürlichen Voraussetzungen nicht gerade günstig, und trotzdem haben es auch ungebildete Menschen zu großem Erfolg gebracht und Lebensweisheit erlangt. Wir nennen dieses Leben in der Freiheit, das sich nach der Grenzüberschreitung neu entfaltet, eine charismatische Existenz. Die charismatische Lebensart wird im Neuen Testament am deutlichsten an der Art und Lebensweise Jesu. Seine Umwelt hat diese Freiheit zu reden und zu handeln als Wunder erlebt. Auch seine Nachfolger haben später ähnlich wunderbare Erfahrungen machen können. Ein grenzüberspringender Glaube ging von ihnen aus und wirkte auf andere ansteckend.

Manchmal beginnt die neue Dimension auch mit dem mutigen Entschluß, nein zu sagen zu Ansprüchen und Forderungen der Umwelt, die ungerechtfertigt sind und die nicht mit der eigenen Überzeugung oder der eigenen Wegführung übereinstimmen. Das kann bedeuten, seinen Beruf aufzugeben, um etwas Neues zu versuchen, oder sogar den Mut zu haben, seine Meinung zu ändern und die Unsicherheit und das Risiko auf sich zu nehmen, die ein neuer Standpunkt mit sich bringen kann. Es schließt auch die Möglichkeit ein, Leiden oder Einsamkeit aushalten zu müssen.

Es gibt gesellschaftliche Zwänge, die wir nach reiflicher Prüfung ablehnen; Rollenerwartungen von seiten unseres sozialen Umfelds, die wir verweigern. Wer die eigenen Grenzen überspringt, darf jedoch andere für die Folgen seines Handelns nicht verantwortlich machen. Er muß bereit sein, die Konsequenzen selbst zu tragen.

Genauso wichtig wie das Überprüfen der von außen gesetzten Grenzen ist auch eine Überprüfung der selbstgesteckten Begrenzungen. Auch hier kann es zu grenzüberspringenden Erfahrungen kommen. Die Grenzen meiner geistigen Fähigkeiten, die ich mir durch meine Angstgefühle setzen lasse, sind oft nur eingebildete Grenzen. Vielleicht habe ich mir auch durch mein bisheriges Leben ein Image aufgebaut, das mich jetzt begrenzt. Ich meine, meine Umwelt nicht enttäuschen zu dürfen. Grenzüberschreitung bedeutet dann unter Umständen, darauf zu verzichten, das Bild von mir aufrechtzuerhalten und Entscheidungen zu treffen, die für alle, die mich kennen, unter Umständen überraschend und unverständlich sind. Ich springe auch hier über die Grenzen meiner Angst und wage etwas Neues in dem Glauben, daß es mir gelingen wird. Es handelt sich dabei nicht um einen blinden Glauben oder religiösen Fanatismus, sondern um eine Grenzüberschreitung als Antwort auf eine innere Einsicht und als Ausdruck einer neugewonnenen Reife.

Grenzüberschreitungen können auch Erfahrungen mit einer alle Grenzen sprengenden Liebe sein. Hier werden die Fesseln des Denkens und des eigenen Herzens gelöst und damit neue Räume erschlossen. Solche Schritte führen in eine Freiheit ohne Erfolgsgarantie und bedeuten manchmal Verzicht auf Anerkennung und Applaus; aber sie schenken Erfahrungen einer neuen Identität.

Wer einmal seine Grenzen überschritten hat, wird immer wieder an neue Grenzen stoßen, die ihn herausfordern, sie entweder anzunehmen und abzutrauern oder einen neuen Sprung zu wagen. Er wird erleben, daß nach großen Sprüngen oft kleine Schritte nötig sind, um sich nicht in Grenzenlosigkeit zu verlieren.

Grenzen erweitern

Die häufigsten und schwierigsten Grenzen liegen in uns selbst. Es sind die Grenzen unseres Charakters. Im allgemeinen verstehen wir unter Charakter etwas Positives. Wir sprechen von Charakterstärke, von einem Charakterkopf oder von einem guten Charakter. Im psychotherapeutischen Sprachgebrauch wird unter Charakter allerdings etwas weniger Positives verstanden. Hier bezeichnet Charakter den Abwehrmechanismus, der sich im Laufe der ersten Lebensjahre gegen die Angst bildet und der den Menschen für sein späteres Leben auf verschiedene Grundverhaltensmuster hin prägt. Die Art des Umgangs mit der Angst führt zur Ausprägung des Charakters. Jeder erlebt die Grundängste seiner Kindheit individuell verschieden. Aber jedes Kind muß sich mit Ängsten auseinandersetzen und, wenn es im Leben zurechtkommen will, lernen, mit seinen Ängsten umzugehen. In einer einfachen

Typologie kann von vier Grundformen der Angst gesprochen werden und damit von vier Charaktertypen, die ihre Prägung in den ersten sechs Lebensjahren erfahren. Die folgende Beschreibung ist sehr vereinfacht und kann nur extreme Ausprägungen deutlich machen. Die erwachsene Persönlichkeit ist eine Mischung aus den vier Typen durch ihre jeweilige Entwicklung.

Der Distanztyp

Er entsteht durch die Erfahrung von Ablehnung und Kälte in den letzten drei Monaten vor der Geburt und den ersten sechs Wochen danach. Der Säugling erlebt sich als nicht gewollt und empfindet das Dasein als bedrohlich. In der späteren Ausprägung des Typs kann sich der distanzierte, nüchterne und sachliche Beobachter entwickeln, der sich zurückzieht, wenn er sich bedroht fühlt. Er wirkt dadurch auf seine Umgebung unter Umständen eingebildet, gehemmt, ironisch oder skeptisch. Er hat Schwierigkeiten, seine Gefühle wahrzunehmen und sie auszudrücken.

Der Nähetyp

Er erlebt seine Angst als Bedrohung, nicht genug Nahrung oder Wärme zu bekommen, und fühlt seine elementarsten Bedürfnisse nach Liebe vernachlässigt. Diese Gefühle können sowohl durch tatsächliche Vernachlässigung als auch durch übertriebene Verwöhnung entstehen. Später kann sich daraus eine Charakterstruktur entwickeln, in der das Bedürfnis nach Liebe und Geliebtwerden eine sehr vorherrschende Rolle spielt und in der deshalb die Suche nach Nähe und Kontakt und sozialem Engagement deutlich zu erkennen sind.

Der Ordnungstyp

Die Angst, Fehler zu machen und nicht anerkannt zu sein, entwickelt sich durch eine rigide Erziehung, die mit Liebesentzug oder Strafe droht, ebenso durch übertriebenes Lob, das abhängig machen kann, weil es dazu verführt, durch Anpassung und Liebsein Anerkennung und Bestätigung zu finden. Die Prägephase für diese Angststruktur ist die Zeit der Reinlichkeitserziehung. Der Ordnungstyp kaschiert seine Angst vor Fehlern und Bestrafung durch Fleiß und Zuverlässigkeit. Er hat Schwierigkeiten, Kritik anzunehmen, aber es fällt ihm sehr leicht, Kritik auszuteilen.

Der Freiheitstyp

Wer sich als Kind nicht mit der Geschlechtsrolle des gleichgeschlechtlichen Elternteils identifizieren konnte, findet später schwer zu seiner Rolle als Mann oder Frau. Das Kind ist dann im Hinblick auf seine Geschlechtsrolle verunsichert, weil es kein ermutigendes oder schützendes Vorbild hatte. Es entwickelt sich zu einem sogenannten Freiheitstyp, dessen auffällige Merkmale darin bestehen, gerne eine Rolle zu spielen und dabei Grenzen zu ignorieren. Die tiefsitzende Unsicherheit wird verdeckt durch ein nach außen sicheres Auftreten. Oft entwickeln sich daraus schauspielerische Talente und kreative Fähigkeiten. Ein Nachteil zeigt sich in der Unfähigkeit, eigene Fehler zu erkennen und zuzugeben.

Für die Weiterentwicklung der Persönlichkeit ist es wichtig, seine Strukturen anhand der eigenen Ängste zu entdecken, um die Kräfte, die zur Abwehr der unbewußten oder versteckten Ängste gebraucht werden, freizumachen und als Energie für das Leben zurückzugewinnen. Angst setzt Grenzen. Werden aber die Ängste erkannt, können sie auch bearbeitet werden. Durch Mut wird ihre Macht gebrochen. Durch Bewußtwerdung ist es möglich, bisher unbewußte Gefühle in das Leben einzuordnen.

Die Grenzen, die mir durch meine Angststruktur gesetzt sind, können durch Training bewußt erweitert werden. So kann sich der Distanzierte darin üben, Nähe auszuhalten. Vielleicht lernt er sogar, sie in dem Maß, in dem er sie bewußt annimmt oder auch gibt, zu genießen. Der Nähetyp hat die Aufgabe, Alleinsein zu ertragen und durch freiwilligen Verzicht auf rasche Befriedigung die ihn beherrschende Angst, zu kurz zu kommen, zu überwinden. Wer übersteigerten Wert auf Ordnung und Leistung, auf Anerkennung und Sicherheit legt, kann die neue Erfahrung machen, daß ihm ein Verzicht auf großes Lob gelingt und daß Fehler und Versagen ihn zwar verunsichern, aber nicht umbringen. Der Ordnungstyp wird üben müssen, sich mehr Freiheit zu nehmen und auch anderen mehr Freiheit zu gewähren. Wer seine stärkste Ausprägung in der Freiheitsstruktur hat, wird erleben, daß verantwortliches Handeln und Sich-Einordnen nicht zwangsläufig das Leben behindern. Er kann betont darauf achten, seine Bedürfnisse nach Spontaneität und Ungebundensein nicht immer sofort zu befriedigen.

Die im Inneren eines Menschen entstandenen Grenzen können auch nur von innen her überwunden werden. Ihre Überwindung führt jedoch nicht zu einer maßlosen Grenzenlosigkeit, sondern zu einer Erweiterung und Bereicherung des eigenen Lebensraumes. Verdrängte Ängste sind bedrohlich für das Leben, weil sie eine Bearbeitung unmöglich machen. Die Verdrängungen bilden Schatten in uns, die die unbewußten und unerkannten Seiten unserer Persönlichkeit für uns immer mehr verdunkeln, wir projizieren sie dann auf andere, bis wir schließlich selbst im Schatten stehen und damit am eigentlichen Leben vorbeileben.

Die Angststrukturen beeinflussen nicht nur den Umgang mit unserer Umwelt und mit uns selbst, sondern auch unsere Vorstellungen von Gott. Deshalb kann die Frömmigkeit zu einer Verfestigung der Charakterstruktur beitragen und das Leben, statt es zu fördern, noch stärker behindern. Aus diesem Grund wirken fromme Menschen manchmal so unlebendig.

Grenzen erweitern ist also ein Vorgang, der die Einsicht in die eigene spezifische Angst voraussetzt und damit ein schrittweises, mutiges Wagen von neuen Erfahrungen ermöglicht. Es gilt, die eigenen Verhaltensweisen zu erkennen. Dazu gehören Wertungen, die ich vornehme, Urteile, die ich treffe, und Ideale, nach denen ich lebe; auch Sympathien und Antipathien, von denen ich mich bewußt oder unbewußt leiten lasse. Auch meine Feindbilder und meine Sorgen, die ich mir mache, sind typisch für die Ausprägung meines Charakters.

Die hier beschriebenen Formen des Umgangs mit Grenzen sind keine Prozesse, die zeitlich nacheinander ablaufen, sondern die sich überschneiden. Ich werde immer wieder an Grenzen stoßen, die ich annehmen und abtrauern muß, während andere Grenzen zu überspringen sind und wieder andere nur durch beharrliche Arbeit an der eigenen Struktur erweitert werden können. Durch alles geschieht Wandlung und Reifung des Charakters.

Der Umgang mit Grenzen erfordert aber nicht nur die eigene Arbeit am Charakter, sondern nötigt uns auch, Hilfe von außen anzunehmen. Keiner wird auf Dauer reifen, wenn er nicht lernt, die Hilfe einer Gemeinschaft in Anspruch zu nehmen. Nicht jede Gemeinschaft fördert uns. Es gibt aber Gemeinschaften, in denen ich sein darf, wie ich bin, und in denen ich mich kennenlernen kann mit meinen Eigenheiten und Schwächen, auch in meiner Unreife. Durch die Erfahrung des Angenommenwerdens lerne ich, mich selbst anzunehmen. Jede Gemeinschaft bietet ein Übungsfeld für den Umgang mit Grenzen. Daß auch Prozesse in diesem Rahmen mit Leiden und Schmerzen verbunden sein können, sollte uns nicht entmutigen; denn Wachstumsschmerzen gehören zu jeder gesunden Entwicklung. Eine Gemeinschaft, die eine heilende Wirkung hat und die Entwicklung fördert, wird nicht immer in meinem vorgegebenen sozialen Umfeld wie Familie, Gesellschaft oder Konfession zu finden sein. Keine noch so wertvolle Gemeinschaft kann lebenslang den Wachstumsboden und den Raum bieten, den ich für mein inneres Wachstum benötige. Darum werden immer wieder neue Kontakte zu einzelnen Menschen und zu lebendigen Gruppen gesucht werden müssen, um neue Erfahrungsräume zu gewinnen und im Wachstumsprozeß zu bleiben.

Wille und Willensbildung

Für viele christlich erzogene Menschen sind Begriffe wie »der eigene Wille« und »das eigene Ich« mit einem gewissen negativen Beigeschmack versehen. Das alles klingt für sie verdächtig nach Eigensinn und Eigenwille, der »gebrochen« werden muß. Sie denken an Egoismus und an das berühmte »dicke Ich«, das sterben soll.

Tatsächlich aber ist der Wille die zentrale Funktion unseres Ichs, die höchste Ausdrucksform der Persönlichkeit. Ohne Ich ist der Mensch keine Persönlichkeit und unfähig, für ein Du ein Gegenüber zu sein. Die Fähigkeit, ich zu sagen und ein Ich zu entwickeln ist allein dem Menschen gegeben und ein Ausdruck der Ebenbildlichkeit Gottes, der von sich sagt: »Ich bin, der ich bin.« Nur wer ein Ich hat, kann auch einen Willen haben, denn zum Wollen gehört immer ein »ich will«. Je reifer nun die Persönlichkeit ist, desto stärker ist auch die Fähigkeit, zu wissen, was sie will, und in diesem Wollen die Kräfte und Gaben auf ein Ziel zu konzentrieren.

Der Ich-Schwache und Willensschwache wird von seinen Stimmungen und Launen getrieben. Er ist unentschlossen und auch unzuverlässig. Er paßt sich gerne an und ist damit leicht zu verführen und für Ideologien oder auch für Personen, die ihn manipulieren, anfällig. Der Willensschwache verfügt nur über die Begabungen, die von ihm abgerufen werden. Er ist nicht imstande, die ihm geschenkten Möglichkeiten voll zu nutzen. Er ist in seiner Fähigkeit, zu lieben, zu glauben und zu hoffen, eingeschränkt. Ein Ich-Schwacher kann nach außen unter Umständen einen positiven Eindruck machen. In vielen Bereichen werden solche Typen sogar gesucht, denn Tugenden wie Gehorsam und Dienstbereitschaft, Anpassungsfähigkeit und »pflegeleicht sein« sind mancherorts willkommen. In Wirklichkeit aber spricht dieses Verhalten eher für eine ungesunde Persönlichkeitsentwicklung, für Unreife und Schwachheit. Von Infantilismus muß gesprochen werden, wenn die Entwicklung in einem früheren kindlichen Stadium hängengeblieben ist.

Der Ich-Schwache ist auch der entscheidungsschwache Mensch. Das zeigt sich häufig darin, daß er nicht bereit ist, Verantwortung für sich und sein Handeln zu übernehmen. Er wird immer wieder versuchen, bei Versagen die Schuld für sein Verhalten auf die Verhältnisse zu schieben oder seine Mitmenschen dafür verantwortlich zu machen. Er entschuldigt sich gerne mit dem Hinweis auf seine Schwäche oder auf seine unzureichende Begabung.

Der Ich-Starke dagegen ist bereit, nicht nur zu entscheiden, sondern auch die Verantwortung für die eigene Entscheidung zu übernehmen, sich zu dieser Entscheidung zu stellen und die Konsequenzen dafür zu tragen.

Wille und Wahl

Beide Begriffe gehören zusammen; vom Wortursprung wie auch von der Sache her. Nur wer die Wahl hat, kann entscheiden und kann wollen. Der in sich verhaftete und in Zwängen eingebundene Mensch ist nicht entscheidungs- und damit auch nicht willensfähig. Ihm fehlt die Grundvoraussetzung menschlicher Existenz: die Freiheit. Freiheit ist auch in ungünstigen Situationen möglich, denn sie ist nicht an äußere Möglichkeiten gebunden, sondern ein Ausdruck innerer Vollmacht. Immer wieder gab es Menschen, die selbst im Gefängnis und in Ketten ihre innere Freiheit bewahrt haben und in ihrem Willen nicht gebrochen werden konnten. Andererseits kann es auch zur Freiheit gehören, freiwillig auf Freiheiten zu verzichten, wenn sie der inneren Zielrichtung nicht entsprechen.

Die Fähigkeit, zu wollen, ist notwendig mit der Frage nach dem Sinn und dem Ziel meines Lebens verbunden. Ich muß zumindest eine Entscheidungsrichtung haben, wenn ich wissen will, wohin ich will und was ich nicht will. Der ungerichtete Wille ist wahllos. Nur der zielgerichtete Wille kann wählen und entscheiden. Wenn ich meinen Willen auf ein Ziel richte, erfahre ich oft, daß eine erstaunliche Kraft in mir liegt. Ich kann sie aber erst spüren, wenn ich meine

Freiheit, meine Entscheidungsfähigkeit bewußt in Anspruch genommen habe.

Der Sport bietet ein gutes Beispiel dafür. Ein guter Sportler weiß genau, was für ihn und seine sportliche Leistung gut und was hinderlich ist. Er setzt sich mit ganzem Willen für das Ziel ein, das er erreichen will. Er muß aber sein Ziel kennen, wenn er es erreichen will. Nur dann kann er sich mit ganzer Kraft darauf konzentrieren. Der Wille ist abhängig vom Wissen um die Richtung und das Ziel, um entscheiden zu können, was »richtig« ist. Richtig ist immer das, was dem Ziel dient.

Damit ergibt sich die Notwendigkeit, zunächst einmal mich selbst kennenzulernen mit allem, was an Wünschen und Ansprüchen, an Triebkräften und auch an Hemmungen in mir liegt. Es ist wichtig, herauszufinden, was ich eigentlich möchte. Erst wenn ich die unbewußten Zwänge in mir aufdecke, die mich festhalten oder bestimmen – mein Gewissen, das mich bindet, oder die Ängste, die mich warnen oder auch treiben –, kann ich mich für ein Ziel entscheiden.

Zur Persönlichkeitsreifung und zur Willensbildung gehört also eine zunehmende Klarheit über sich selbst und ein besseres Kennenlernen der eigenen Motivation. Meine Entwicklung hängt von dem Maß meiner Selbsteinsicht ab.

Auch dem Willensschwachen stehen Fähigkeiten und Energien zur Verfügung, die sein Leben beeinflussen und gestalten; nur geschieht dies häufig ungesteuert und unbewußt, ohne daß das Ich mit seiner Entscheidung daran beteiligt ist. Gedankenlosigkeit und Gleichgültigkeit sind aber genauso entwicklungshemmende Faktoren wie neurotische Zwänge oder gesellschaftliche Nötigungen. Viele Menschen sind fromm, brav und gut, ohne als Person wirklich an Frömmigkeit, Brav- und Gutsein beteiligt zu sein. Sie leben nicht, weil sie leben wollen – nein, sie werden gelebt und gehen damit den Weg des geringsten Widerstandes. Das ist zwar oft bequem, aber leider auch ohne Chance, wirkliche Lebensqualität und Entfaltung zu erlangen.

In diesem Zusammenhang taucht die Frage auf, ob es nicht Menschen gibt, die eine anlagebedingte Willensschwäche haben im Unterschied zu anderen, die von Natur aus günstigere Voraussetzungen zur Willensbildung mitbringen. Aber ob eine Veranlagung oder eine Prägung durch die Erziehung vorliegt, oder ob körperliche oder geistige Einschränkungen vorgegeben sind, ist letztendlich nicht entscheidend. In jedem Fall kann jeder seinen Willen trainieren. Jeder kann den Willen entwickeln, wenn auch mit unterschiedlicher Reichweite und unterschiedlichen Ergebnissen.

Der Wille ist das Steuer des Lebens, und darum wird der Willenlose steuerlos hin- und hergetrieben. Er ist trotz großer Begabung gefährdet und auch für andere gefährlich und unberechenbar. Erst im Wollen organisiert sich die Person auf ihre Zukunft hin, auf die Aufgabe, die ihr gestellt wurde oder die sie sich selbst stellt. Dort, wo der Wille zur Entfaltung kommt, entfaltet sich die Freiheit. »Ich will« oder »Ich will nicht« ist Ausdruck menschlicher Freiheit. In dem Maß der Entschlossenheit setzt dieses »Ich will« das Maß für Persönlichkeit und Freiheit.

Alle Gaben und Kräfte und Möglichkeiten sind uns als Chance gegeben. Wieweit wir diese Chance annehmen und uns darin bewähren, liegt an uns.

»…denn Gott ist es, der in euch das Wollen und das Vollbringen bewirkt« (Philipper 3,13). Wollen und Vollbringen sind von Gott vorausgegebene Möglichkeiten, so daß, wenn ich will, Gott das Wollen eigentlich in mir bewirkt hat. Und wenn ich aufgrund dieses

Wollens etwas vollbringe, weiß ich auch, daß Gott selbst es ist, der sich darin verwirklicht. Das »Ich will« ist damit Auswirkung göttlicher Wirklichkeit und nicht selbstherrliches, eingensüchtiges Sich-Durchsetzen.

Die Frage nach den Zielen, die Gott für unser Leben und für die Welt hat, und die Frage, wieweit wir uns mit diesen Zielen identifizieren und unseren Willen bewußt darauf ausrichten wollen, ist sicher lebensentscheidend. Gott gibt uns zum Wollen auch die Wahl.

Diese Wahl ohne Angst vor Bestrafung treffen zu können, setzt die Erfahrung der Vergebung voraus, der Heilung vom schlechten Gewissen. Aus dieser Gewißheit, nicht mehr von Gott verurteilt zu werden, gewinne ich eine neue Entscheidungsfreiheit. Ich kann mich urteilsfrei auf mich selbst besinnen und die Fehlsteuerungen entdecken, die bislang mein Leben bestimmt haben. Ich kann mich bewußt von ihnen distanzieren und mich einer neuen, spannenden Zukunft zuwenden.

Solche Prozesse können in einer dramatischen inneren Auseinandersetzung erfolgen oder auch in einem langsamen Erkennen der eigenen Berufung. Wichtig ist, daß jedem bewußt wird, daß er die Möglichkeiten der Entscheidung hat und daß er diese mit der ganzen Kraft seines Bewußtseins, seines Wollens und seiner Persönlichkeit vollzieht.

Willenstraining

Wenn die Willensfähigkeit noch schwach und unausgebildet ist, kann sie durch Trainieren gestärkt und gefördert werden. Voraussetzung zu einem erfolgversprechenden Willenstraining ist Freiwilligkeit. Das Einüben beginnt mit einer Zielorientierung und Zielsetzung. Was will ich? Wo will ich hin? Was ist der Sinn und das Ziel meines Lebens? Die großen Ziele werden dann aber in vielen kleinen Schritten angegangen. Es ist gut, sich möglichst viele Zwischenziele zu setzen, die überschaubar und erreichbar sind, damit die kleine Kraft und die noch unentwickelte Fähigkeit nicht unter einer allzugroßen Aufgabe resigniert zusammenbricht.

Die Ernsthaftigkeit, den Willen zu trainieren, zeigt sich schon in der Entschlossenheit, mir über meine Ziele Gedanken zu machen und Klarheit zu verschaffen. Training aber heißt, den Spannungsbogen langsam zu erweitern; Willenstraining ist kontinuierliche Arbeit an sich selbst.

Unser tägliches Leben bietet uns eine Fülle von Möglichkeiten, den Willen zu stärken durch ständig empfangene Impulse aus unserem Inneren – Wünsche, Ängste, Triebe, die schnell befriedigt werden wollen. Wir üben uns jetzt darin, diesen Ansprüchen gegenüber erst einmal nein zu sagen und die Triebbefriedigung und die Ansprüche hinauszuschieben. Das erweitert den Spannungsbogen. Eine Zunahme an Ausdauer, Geduld und Wartenkönnen sind Trainingserfolge. Je abhängiger und damit willenloser jemand ist, desto rascher möchte er die Erfüllung seiner Wünsche erleben. Ein zu kleiner Spannungsbogen, eine zu geringe Frustrationstoleranz tritt beim Suchtverhalten besonders deutlich zutage, wo bereits kleine Spannungen und Schwierigkeiten zum unwiderstehlichen Drang zum Trinken führen oder zur Entspannung durch Drogen, Tabletten oder anderen Suchtmitteln.

Um den Spannungsbogen zu erweitern, können wir auch freiwillig auf Dinge verzichten, die an sich gut, aber zu diesem Zeitpunkt vielleicht ungeeignet sind. Ich stelle Ansprüche, die durchaus ihre Berechtigung haben und mir zustehen, zurück. Die Freiwilligkeit gibt bei allem den entscheidenden Ausschlag. Wer sich zu viel vornimmt und den Spannungsbogen überzieht, kann daran zerbrechen. Wer sich aber zu wenig vornimmt, wird kein Wachstum erreichen.

Unsere Gesellschaft bietet eine Fülle von Möglichkeiten, den Verwöhnungstendenzen nachzugeben. Durch eine Stärkung des Ichs und unseres Selbstbewußtseins und damit unserer Willensfähigkeit können wir den Versuchungen der Verwöhnung entgegentreten. Im normalen Alltag kann es beispielsweise um eine Einschränkung im Essen und Trinken gehen oder um den Verzicht, bei jeder Gelegenheit das Auto zu benutzen, oder auch um ein pünktliches Aufstehen oder Zubettgehen, um die Zeit sinnvoll zu nutzen.

Eine weitere Trainingsmöglichkeit ist das Einüben in das Überwinden. Ich überwinde mich, freiwillig Dinge zu tun, zu denen ich eigentlich keine Lust habe, die ich aber für sinnvoll halte. Ich nehme mir vor, kontrollierter zu reden oder zu schweigen, meine Zunge nicht nach Lust und Laune laufen zu lassen. Ich kann mich überwinden, etwas Gutes zu tun, obwohl ich es lieber nicht täte, weil es mit Unbequemlichkeit verbunden ist oder unangenehme Gefühle in mir erzeugt.

Entscheidend für den Erfolg ist auch bei diesen Übungen die Ernsthaftigkeit, mit der ich auf meine Ziele zugehe. Ein besonderes Maß an Willensstärke kann in der Entscheidung zu Treue und Zuverlässigkeit entwickelt werden. Es gibt zuverlässige Menschen aus Anpassung, Phantasielosigkeit oder aus Angst vor Strafe. Dazu zählen vor allem die extremen Ordnungstypen. Gemeint ist aber keine Entscheidung aus Zwanghaftigkeit, sondern als einem bewußten Akt der Person – eine Entscheidung aus innerer Freiheit, die ich durchhalte, weil ich durchhalten will, und nicht, weil irgendwelche äußeren Zwänge mich dazu verpflichten. Nur so bin ich mir selbst wirklich treu.

Ein Abbau der Willenskraft geschieht immer dann, wenn ich eine Spannung zu rasch auflöse, statt sie auszuhalten. Es werden uns heute sehr viele Spannungslöser angeboten, nicht nur Tabletten und Alkohol, sondern auch Zigaretten, Süßigkeiten und vieles andere mehr. Jeder muß herausfinden, was für ihn willensschwächend oder was willensstärkend ist, was seine Persönlichkeit zersetzt oder aufbaut.

Ziel der Willensbildung ist nicht der asketische Roboter, sondern der reife, integrierte Mensch, der über seine körperlichen, geistigen und psychischen Fähigkeiten, das heißt über sein ganzes Kräftepotential frei verfügt – der Mensch, der das tun kann, was er tun will, der auf sein Ziel zugeht, für das er sich frei entschieden hat. Diese Persönlichkeit ist in der Lage, konzentriert und bewußt zu leben. Sie wird damit zu einer Ermutigung für alle, die unentschlossen oder unbewußt dahinleben und nicht dem gerecht werden, was sie urspünglich und zutiefst wollen.

Reifung der Persönlichkeit

Jeder Mensch, der geboren wird, ist von Anfang an Person – aber nicht jeder wird im Laufe seines Lebens zu einer Persönlichkeit. Eine Persönlichkeit ist ein Mensch, der alles, was zu seiner Person gehört, in die eigene Verantwortung nimmt, und der sich mitgestaltend an der Entwicklung seiner Persönlichkeit beteiligt. Unter seinem Einfluß werden auch andere Personen angeregt, in ihrem Prozeß der Persönlichkeitsreifung fortzuschreiten.

Zur Person gehören alle geistigen, seelischen und körperlichen Kräfte und Gaben – solche, die bereits entdeckt wurden und solche, die noch verborgen sind und entwickelt werden wollen. Zu meiner Person gehört auch meine Geschichte mit all den Einflüssen, die sie auf mich ausgeübt hat. Auch meine Gegenwart, meine Verhältnisse und meine Beziehungen prägen meine Person. Zu weiteren Bereichen meiner Persönlichkeit gehören die gesellschaftlichen, sozialen und religiösen Einflüsse, in denen ich lebe, ebenso wie meine Zukunft mit allen Plänen, Wünschen, Hoffnungen und Ängsten. Auch meine Wirkung gehört zu mir, das, was ich in meiner Umwelt auslöse; denn meine Wirkung auf andere wirkt auf mich zurück und beeinflußt mich dann selbst.

Wenn ich in meiner Persönlichkeit reifen will, ist es notwendig, daß ich all diese Faktoren, die mich bestimmen, erkenne, ernst nehme und einbeziehe.

Die Persönlichkeitsreifung ist ein Prozeß, der nie abgeschlossen ist, der sich aber doch wachsend auf ein Ziel hin entwickeln will. Deshalb ist es unerläßlich, nach den Zielen zu fragen, die meine Person betreffen und auf die ich mich bewußt oder unbewußt ausrichte. Solche Zielsetzungen können zum Beispiel sein: der autonome, sich selbst als Maß setzende Mensch, der angepaßte und für alle brauchbare Mensch; der Mündige, der Reife, der Gütige und Weise, der Bescheidene oder der strahlende und alles überwindende, auf Ideale hin orientierte Mensch. Häufig ist das Ziel auch eine Mischung aus den genannten Vorstellungen.

Die Reife einer Persönlichkeit zeigt sich an dem Maß ihrer Entwicklung in den Bereichen des Selbstbewußtseins, der kreativen Kräfte und der Beziehungsfähigkeit. Es gibt in jedem dieser Bereiche Störungen und Krankheiten. Eine Reifung kann nur geschehen, wenn die Krankheiten erkannt und geheilt werden. Es gibt Verkrampfungen, Hemmungen, Blockaden und unbewußte Wiederholungsmechanismen, die aus Verdrängungen stammen und die das Leben vorprogrammieren und stark beeinträchtigen. Zur Störung können auch Abhängigkeiten von Menschen und Dingen werden. Das ganze Leben dreht sich dann wie in einem Strudel um sich selbst und kommt nicht vorwärts.

Gerade im Bereich der Beziehungen spielen Reifungsprozesse eine besondere Rolle. Die Möglichkeiten, die wir in der Begegnung mit anderen Menschen haben, sind von unschätzbarem Wert. Jede Beziehung hat ihre unvertauschbare Originalität, durch die unsere Persönlichkeit verändert und vertieft wird. Mit dem Wachsen der Beziehungsfähigkeit wächst auch die innere Lebendigkeit. Das Leben gewinnt an Farbe.

Reifung des Selbstbewußtseins

Ich-Bildung und die Bildung des Selbstbewußtseins sind Wachstumsprozesse. Daß wir ein Ich sind, entdecken wir zwischen dem zweiten und dritten Lebensjahr. Wie wir sind und was alles zu uns selbst gehört, erfahren wir in Entwicklungen, die sich durch das ganze Leben ziehen. Ein gesundes Selbstbewußtsein steht in ständiger Korrespondenz mit einer sich vertiefenden Selbsterkenntnis. Je besser ich mich, meine Kräfte, Möglichkeiten und Störungen erkenne und die Einflüsse, die mein Leben von außen mitbestimmen, sehe und erfasse, desto deutlicher wird das Bewußtsein von dem, was zu meinem Selbst gehört.

Zur Reifung des Selbstbewußtseins gehört eine zunehmende Klarheit über das, was ich selbst in diesem Leben bin und was ich aus meiner Vergangenheit, meiner Gegenwart und meinen Zukunftsplänen machen will. Das Selbst umfaßt die Ganzheit meines Lebens, aus der heraus alle Bereiche selbstbewußt in die eigene Verantwortung genommen werden.

Ich-Bildung

Die sogenannte psychische Geburt erfolgt normalerweise zwischen dem zweiten und dritten Lebensjahr. Sie gelingt in dem Maß, in dem das Kind sich mit seiner Umwelt auseinandersetzen und abgrenzen kann. Diese Abgrenzung, auch den Erziehungspersonen gegenüber, geschieht in der Trotzphase, in der das Kind lernt, nein zu sagen. Ohne dieses Nein kann das Ich sich nicht weiterentwickeln. Es erlangt auch nicht die Fähigkeit, bewußt ja zu sagen, sondern bleibt ein Abbild des Eltern-Ich. Ich-Bildung hängt mit der Willens-Bildung zusammen. Sie wächst in dem Maß, in dem das Kind lernt, mit sich und seinen Fähigkeiten bewußt umzugehen und willentlich Entscheidungen zu treffen. Dieses Selbständigwerden ist ein ständiger Prozeß der Auseinandersetzung mit der Umwelt und mit den Kräften der eigenen Persönlichkeit in den Bereichen des Körpers, des Geistes und des Willens. Alle Störungen in der Ich-Bildung führen später zu partieller Unreife.

Ich-Bildung und Beziehungsfähigkeit stehen in einem unmittelbaren Zusammenhang. Nur wer lernt, ich zu sagen, wird später in der Lage sein, du sagen zu können. Für diese Entwicklungsprozesse sind eine volle Annahme und eine Atmospähre der Geborgenheit im Schutzraum einer gesunden Familie wichtige Voraussetzungen. Daß diese Hilfen in vielen Fällen nicht gegeben sind, begründet die große Zahl von gestörten und psychisch nicht voll entwickelten Menschen. Es erklärt auch Hemmungen und Minderwertigkeitsgefühle, die das Leben blockieren.

Während bei einer gesunden Entwicklung die Reifung unreflektiert dem Wachstum und Alter entsprechend verläuft, muß bei einer gestörten Entwicklung dieser Wachstumsprozeß, bewußt und mühevoll nachgeholt werden. Eine mangelnde Ich-Bildung, die sich im späteren Leben als Willensschwäche und Entscheidungsunfähigkeit äußert, kann aber durch ein bewußtes Training überwunden werden. Bei der Aufarbeitung dieser Schwäche können eine angstfreie Gemeinschaft und ein Raum der Akzeptanz, die in der eigenen Kindheit nicht gegeben waren, eine wesentliche Hilfe sein. Ziel ist bei allem der ichstarke und damit willensstarke Mensch, der entscheidungsfähig und auch in der Lage ist, zu seinen Entscheidungen zu stehen.

Reifung in Bereichen der Liebesfähigkeit, der Genußfähigkeit und der Leidensfähigkeit

Die Liebesfähigkeit hängt von dem Maß der erfahrenen Liebe ab. Kein Mensch ist fähig zu lieben, wenn er nicht zuvor selbst geliebt wurde. Die Aufforderung: »Du sollst lieben«, ist eine Überforderung, wenn die Grundlage des Geliebtseins und Angenommenseins fehlt. Wie schwer hat es ein Mensch, der ungeliebt heranwachsen mußte, selbst liebesfähig zu werden! Es herrscht in dieser Welt ein ungeheueres Defizit an Liebe. Jeder hat das Bedürfnis, geliebt zu werden, und nach Möglichkeit mehr geliebt zu werden, als er selbst lieben kann. Lieblosigkeit und Ungeliebtsein sind die eigentlichen Störquellen, die das Leben behindern und nicht zur Erfüllung kommen lassen. Lieblosigkeit ist ja nicht nur eine Störung im zwischenmenschlichen Bereich, in den Beziehungen untereinander, sondern auch in der Beziehung zu sich selbst. Wer sich selbst nicht lieben kann, weil er zu wenig Liebe erfahren hat, wird auch lieblos mit sich selbst umgehen. Diese Lieblosigkeit zeigt sich zum Beispiel in der Art, seinen Körper so zu behandeln, daß er Schaden nimmt. Sie zeigt sich auch im Umgang mit der Seele, wenn ihr zu viele Enttäuschungen und Kränkungen zugemutet werden. Auch das Denken kann mit negativen Bildern und Vorstellungen gefüttert werden, die es langsam vergiften.

Der Mangel an Liebe und Liebesfähigkeit ist das wesentlichste Defizit im Leben eines Menschen.

Die Nachricht von einem Gott, der Liebe ist, überrascht in diesem Zusammenhang. Daß der Ursprung des Lebens und die Lebensimpulse, die von Gott kommen, Liebe sind, bringt eine neue Perspektive in die Welt. Leider ist diese zentrale Wahrheit noch zu wenig ins allgemeine Bewußtsein eingedrungen und in die Lebenswirklichkeit der Menschen untereinander übersetzt worden. Noch sind es zu wenige, die diese Tatsache der Liebe Gottes so erfaßt haben und glauben, daß sie das auch leben und nach außen deutlich machen können. Noch gibt es zu wenig Gruppen und Gemeinschaften, die das Element der Liebe so untereinander praktizieren, daß sie zu einer ansteckenden Gesundheit in dieser kranken Gesellschaft werden können.

Wer Liebe lernen will, muß sich aber zuerst seine Liebesbedürftigkeit eingestehen. Ich will geliebt werden, nicht weil ich gut oder leistungsfähig oder erfolgreich bin. Ich brauche Liebeserfahrungen, die allein darauf beruhen, daß ich bin, und nicht in dem begründet sind, was ich habe und was ich leiste.

Solange ich für das Geliebtwerden noch etwas leisten muß oder etwas bezahlen kann, werden die Defizite im Innern meiner Persönlichkeit nicht geheilt. Die Erfahrung des neuen Lebens ist: ohne Voraussetzung angenommen zu sein und ohne Erfüllung bestimmter Bedingungen geliebt zu werden.

Liebesbedürftig sein heißt: seine Schwäche zeigen, seine Unfähigkeit zugeben und sich anvertrauen. Aber nichts ist beängstigender als das. Ein Nichtschwimmer fürchtet das tiefe Wasser. Er wird, wenn er hineinfällt, mit aller Kraft um sich schlagen, gegen das Wasser kämpfen und sich wehren, um nicht unterzugehen. Aber gerade dadurch beschleunigt er sein Untergehen. Wer sich dagegen dem Wasser anvertraut, wird sehr schnell merken, daß es ihn trägt, daß es, wenn man sich entspannt und losläßt, geradezu schwer ist, unterzugehen. Was einen Nichtschwimmer am Schwimmen hindert, ist seine Angst, sein Mangel an Vertrauen.

Der Glaube ist ein Sich-Anvertrauen, ein Sich-der-Liebe-Gottes-Anvertrauen. Für viele ist dieses Vertrauen in die Liebe deshalb so schwer, weil sie ein Gottesbild haben, das mit Liebe nicht zu vereinbaren ist. Die meisten Gottesvorstellungen sind entweder so blaß und unwirklich, daß sie keine Kraft besitzen, oder sie sind so streng und angstmachend, daß das Vertrauen nicht gelingt. Für die Grunderfahrung des Geliebt- und Angenommenseins ist wichtig, sich einem Bild anzuvertrauen, das tragfähig ist. Jesus hat dieses neue Bild von Gott entworfen. Wer sich mit seiner Gottesvorstellung vertraut macht und die Art, wie er mit dieser Vorstellung sein Leben gestaltet hat, erfaßt, wird erstaunliche Erfahrungen machen.

Jesus hat sich gerade denen besonders gewidmet, die das größte Defizit an Liebe hatten: den Zöllnern, den Dirnen, den Armen und Kranken und allen, die am Rand der Gesellschaft lebten. Er befand sich sozial gesehen immer in der sogenannten »schlechten Gesellschaft«. Durch seine Art, mit diesen Menschen umzugehen, wurde aber gerade an dieser Stelle die göttliche Liebe spürbar. Seine Art, in der er mit Kindern und Ausgestoßenen sprach, und seine für die damalige Zeit ungewohnte Art mit Frauen umzugehen, machte es den Menschen leicht, sich Gott als Liebhaber vorzustellen.

Wer in seiner Liebesfähigkeit wachsen will, beginnt am besten damit, sich seine Liebesdefizite anzusehen und sie einzugestehen. Wer darüber hinaus aber glauben kann, von Gott geliebt zu sein und durch den Geist Gottes Impulse der Liebe zu empfangen, wird durch die Liebe wachsen.

Liebe geben ist dort am leichtesten, wo sie am meisten gebraucht wird: bei solchen, die noch weniger haben als ich selbst habe. Je mehr Liebe ich aber gebe, desto größer wird auch das Potential meiner Liebesfähigkeit. Die Liebe, die ich abgebe, wird in mir neu mit Liebe aufgefüllt. Sie wächst in dem Maß, in dem ich sie verschenke. Sich in Liebesfähigkeit üben ist eine lohnende Beschäftigung mit der stärksten Kraft, die in dieser Welt existiert. Sie wird am dringendsten gebraucht und ist die größte Hilfe im Umgang mit Menschen.

Gott ist aber Geist und als solcher auf Menschen angewiesen, die sich ihm öffnen und die Liebe durch sich hindurchfließen lassen wie eine Quelle, die aus dem Unsichtbaren gespeist wird.

Stufen der Liebe

Die im folgenden aufgezählten Entwicklungsstufen der Liebe stellen eine Verbindung her von der menschlichen, natürlichen Liebesfähigkeit zu einer durch den Geist der göttlichen Liebe geschenkten Liebeskraft, die Defizite ausfüllt und Mangelerscheinungen heilt.

Liebe zu sich selbst

Das Kind wird im Normalfall schon im Mutterleib geliebt, und zwar um seiner selbst willen und nicht, weil es etwas leistet oder später vielleicht einmal den

Eltern etwas einbringt. Durch diese Haltung wird die Grundlage der Liebe des Kindes zu sich selbst gelegt. Es fühlt sich geliebt, trotz aller Hilflosigkeit und Unfähigkeit, etwas zu tun, zu sagen oder brav zu sein. Wo diese natürliche Grundlage bei der Geburt nicht vorhanden war, kann eine spätere Erfahrung im geistig/geistlichen Bereich im Erleben einer Wiedergeburt gemacht werden. Wiedergeburt ist die Beschreibung einer Erfahrung, von Gott ohne Bedingung total geliebt zu werden.

Liebe als symbiotische Erfahrung

In der frühesten Kindheit, vom Säuglingsalter an, lebt das Kind in völliger Abhängigkeit von seiner Umwelt. Ohne liebevolle Zuwendung könnte es in dieser Phase nicht überleben. Aber auch die Mutter ist von dem Kind abhängig, denn ihr ganzes Wesen ist auf dieses Kind eingestellt. Sie braucht es auch, um es stillen zu können. Ihre Liebe braucht das Kind, um sich auszudrücken. Diese Liebeserfahrung der völligen gegenseitigen Abhängigkeit in einer Symbiose entsteht auch im späteren Leben immer wieder in jeder neuen Liebesbeziehung. Sie ist eine wunderbare Bereicherung des Wertgefühls. Ich brauche dich, und Du brauchst mich, und wir erleben unser Einssein als Glück der Liebe.

Liebe zu Gleichem

Mit zunehmendem Wachstum und Reifen wird der kindliche Erfahrungshorizont dahingehend erweitert, daß ein Wir-Bewußtsein entsteht. Dieses Erleben schafft eine neue Gefühlsqualität, das Gefühl der Zugehörigkeit. Ich gehöre zu einer Gruppe von Menschen der gleichen Art, zur gleichen Familie, oder zur gleichen Sozialität. Ich denke nicht mehr nur an mich und an das, was ich brauche, sondern auch an andere und übernehme Verantwortung für sie. Meine Fähigkeit, Kontakte aufzubauen und zu pflegen, wächst. Auch später behalte ich in einer bedrohlichen Umwelt die Gewißheit, daß ich einen Raum habe, in dem ich geschützt bin. Das Bewußtsein, zu einer Gruppe zu gehören, die zu mir steht und die mich bei Gefahr verteidigt, gibt mir einen neuen Wert und wirkt stabilisierend auf die Entwicklung meiner Person und meines Selbstbewußtseins.

Die bewußte Kontaktaufnahme mit Gleichen ist auch häufig mit den ersten »Feinderfahrungen« verbunden. Da, wo wir gleich sind, müssen andere ungleich, das heißt fremd sein. Das Fremde ist zunächst eine Bedrohung, ob das die Nachbarskinder sind oder die bösen Hunde oder alles, was sich im Laufe des Lebens später als bedrohlich herausstellt. Aber das Wir ist ein Schutzraum für die Liebe. Später lernen wir, dieses Zugehörigkeitsgefühl auf größere Zusammenhänge und Gemeinschaften zu übertragen. Nicht nur die Familie schützt uns, sondern unter Umständen auch die Hausgemeinschaft oder die Clique, zu der wir gehören. Auch die Zugehörigkeit zu einer religiösen Glaubensgemeinschaft stärkt das Wir-Gefühl. Die Liebe zu allen Menschen, von der das Neue Testament spricht, bringt uns der allumfassenden Liebe Gottes nahe. Zum Wachstum der Liebe gehört das Wachsen im Wir-Bewußtsein.

Liebe zu Fremden – Liebe aus Faszination

In der Weiterentwicklung, im Aufnehmen neuer Erfahrungsbereiche erlebt jeder, zu einer geschlechsspezifischen Gruppe zu gehören und fähig zu sein, mit dem anderen Geschlecht in Beziehung zu treten. In der Anziehung der Gegensätze wird bei gesunder Entwicklung die Fähigkeit zur Faszination geweckt. Hier ist der ganze Bereich der Erotik, der Sexualität und der Freundschaft angesprochen. Die Liebe zu einem Partner des anderen Geschlechts ist eine Erweiterung und Bereicherung der Liebesfähigkeit. Wenn diese Entwicklungsstufe nicht erreicht wird und die Faszination für das andere Geschlecht ausbleibt, entstehen unter Umständen Fehlprägungen oder Fixierungen, die sich als Reifungsdefizite in der Weiterentwicklung bemerkbar machen können.

Die genannten vier Grundfähigkeiten der Liebe sind auch maßgebend für die Entwicklung der Charakterstrukturen. Der Charakter bildet sich als Abwehrmechanismus gegen die Angst. Die Liebe ermöglicht uns aber trotz Angst den jeweiligen neuen Lebensraum zu betreten, uns darin zurechtzufinden, die Angst zu überwinden und für neue Erfahrungen offen zu sein.

Liebe aus Willen

In der Weiterentwicklung der Liebesfähigkeit gewinnt die Liebe eine neue Dimension. Sie ist dann nicht mehr allein eine Reaktion auf die verschiedenen Liebeserfahrungen, die ich mache, sondern sie fördert die Beteiligung und Kraft des Willens. Bisher spielten Fühlen und Reagieren die Hauptrolle. Nun wächst die Liebe in den Raum des Bewußtseins hinein und erfaßt den Kernbereich der Persönlichkeit, das ganze Herz.

Wenn ich sage: »Ich will dich lieben«, dann ist diese Liebe nicht abhängig von jeweiligen Schwankungen des Gefühls, von Stimmungen oder größeren und kleineren Faszinationen. Grundlage dieser unabhängigen Liebe ist eine Willensentscheidung. Sie hat ihre Qualität in der bewußten Zuwendung und Hingabe, im klaren Entschluß. Der Nächste und seine Person wird damit in den Vordergrund gestellt. Diese Liebe geschieht nicht aus einem unbewußten Impuls heraus, nicht aufgrund körperlicher Anziehung. Sie bezieht ihre Energie aus sich heraus, aus der bewußten Entscheidung, den anderen zu lieben und sich ihm mit ganzer Aufmerksamkeit und Kraft zuzuwenden.

Wichtig ist dann in erster Linie, was er braucht, was ihn ehrt, was für ihn gut ist. Auf die Dauer hat jede Liebe nur dann Bestand, wenn sie auch von dieser Qualität getragen wird.

Dieses »ich will Dich lieben« schließt die anderen Stufen der Liebe mit ein. Sie hebt sie aus der Dimension der unbewußten Reaktionen heraus und bleibt auch dann noch lebendig, wenn keine günstigen Voraussetzungen mehr vorhanden sind. Bei der Liebe aus dem Willen heraus wird der Liebende auch unabhängig von dem Verhalten seines Gegenübers. Dadurch kann er auch lieben, wenn seine Liebe zeitweilig nicht auf Gegenliebe stößt. Sie wird zu einer inneren Kraft, die nicht mehr abhängig ist von den Verhältnissen und vom Verhalten des anderen. Sie entspricht dem Bild der Quelle, die fließt, ob aus ihr getrunken wird oder nicht.

Diese bewußte und gewollte Liebe hebt die anderen Formen der Liebe nicht auf, sondern stabilisiert sie. Vielleicht wirkt aus der Sicht der »romantischen Liebe« diese Betrachtungsweise sehr ernüchternd. Sie ist aber die einzige Gestalt der Liebe, die auf die Dauer die Beziehungen tragfähig macht und jede Beziehung festigt.

Liebe zum Feind

Die letzte und höchste Erfahrung der Liebe ist die Liebe, die sich auch an die richtet, die mich nicht lieben, sondern hassen und verfolgen. Nach allgemeinem menschlichen Verständnis ist dies unmöglich. Die

Fähigkeit und die Kraft des Herzens ist hier überfordert, wenn nicht eine neue Energiequelle gefunden wird. Die neue Liebe ist nicht nur die Frucht eines starken Herzens und eines festen Willens. Sie stammt aus dem Kraftbereich des Geistes. Sie ist eine Auswirkung und Wesensart der Liebe Gottes und wird immer dort spürbar, wo es gelingt, von ganzem Herzen einem anderen zu vergeben, der mich beleidigt oder verletzt hat.

Diese Feindesliebe findet im Sterben Jesu ihren deutlichsten Ausdruck. Unschuldig verurteilt, in völliger menschlicher Hilflosigkeit kann er die Worte sagen: »Vater vergib ihnen, denn sie wissen nicht, was sie tun.« Hier spricht nicht mehr nur menschliche Großmut und charakterliche Stärke, sondern die Kraft der Liebe, die der Geist verleiht und die auch in dieser Grenzsituation menschlicher Existenz wirksam wird.

Liebe zum Feind sollte daher nicht zum moralischen Appell werden. Sie weist aber auf eine Kraft hin, die allein in der Lage ist, über die eigenen Fähigkeiten und Qualitäten hinauszuwachsen. Sie macht etwas in der sichtbaren Welt deutlich, was eigentlich aus der unsichtbaren Welt stammt.

Genußfähigkeit

Nur der Mensch besitzt die Fähigkeit, bewußt zu genießen. Viele natürliche oder triebhafte Vorgänge können durch die Genußfähigkeit eine neue Qualität gewinnen und das Leben auf eine noch lebenswertere Stufe stellen. Der Mensch, der nur ißt, weil er Hunger hat und damit sein Triebbedürfnis befriedigt, lebt sicher nicht seiner Würde entsprechend. Viele Millionen befinden sich allerdings unfreiwillig in diesem Zustand, und wir müssen alles tun, um sie aus ihrer

Lage zu befreien und ihnen auch die Möglichkeit zu einem menschlichen Dasein zu geben.

Essen macht nicht nur satt, sondern es kann auch sehr gut schmecken. Wir sollten, wenn es möglich ist, das Essen miteinander genießen.

Die Menschheit ist dazu geschaffen, nicht nur zu überleben, sondern das Leben sinnhaft zu gestalten. Das gilt für die einfachen Verrichtungen des Essens und Trinkens ebenso wie für den Bereich der Sexualität, des Spielens und überhaupt allen Erlebens. Die Sinnesorgane – Augen, Ohren, Tastsinn und Geruch – sind uns zum Genießen gegeben. Genußfähigkeit ist nicht nur ein Empfinden von Reizen und Befriedigung von Bedürfnissen, sondern ein bewußtes Erleben und sinnvolles Gestalten der Erfahrungen. Sinnvolles Gestalten ist die Fähigkeit, das Erlebte so im Gedächtnis zu bewahren, daß daraus Lebensfreude wächst.

Ein wichtiges Element ist dabei das Nachdenken, das zum Danken führt. Dankbarkeit ist das Ergebnis sinnvollen Nachdenkens über die Zusammenhänge des Erlebten und seine positive Deutung.

Wer Essen und Trinken, wie überhaupt alle Triebbefriedigungen, richtig genießt, wird nicht so leicht in Abhängigkeit im Sinne von Sucht geraten. Wer dankbar und bewußt genießend die Möglichkeit des Lebens erfährt, kann frei und souverän mit den Dingen umgehen. Abhängigkeit und Sucht erniedrigen, Dankbarkeit und Genußfreudigkeit erhöhen die Lebensqualität.

Wer bewußt genießen kann, besitzt auch die Fähigkeit, Abstand zu wahren und sich selbstkritisch zu prüfen. Er kann nein sagen, sinnvoll dosieren und so durch den Genuß seine Lebensmöglichkeiten steigern und bereichern. Er wird gern mit anderen gemeinsam genießen, sie zu seinen »Genossen« machen, er wird selbst »genießbarer« für andere: »Wer nicht genießen kann, ist selten auch genießbar!« Wir können davon ausgehen, daß der Geist der Schöpfung und der Liebe nicht Armut und Krankheit, Leid oder Erniedrigung will, sondern Reichtum, Vielfalt und Lebensfreude, denn er ist seinem Wesen nach reich, vielfältig und voller Freude.

Genießen heißt: sich mit wachen Sinnen der Wirklichkeit zuwenden und diese in ihrer Vielgestaltigkeit aufnehmen und erleben. Genießen ist das Wahrnehmen der Fülle der Schöpfung, die dann schöpferisch in uns weiterwirkt. Auch hier können wir an Jesus, dem ersten vollkommen freien Menschen, lernen. Er war nicht, wie religiöse Fanatiker, ein blasser, weltverneinender Asket, sondern ein Mensch, der Essen und Trinken liebte, der Freundschaften pflegte und die Natur in ihrer Schönheit bewunderte. In seinem Inneren wurden alle Sinneseindrücke, alle sinnlichen Wahrnehmungen zu Gleichnissen für eine übersinnliche Wirklichkeit.

Genießen ist die Fähigkeit, ganz im Hier und Jetzt zu leben und den Augenblick zu achten. Ein Essen genießen heißt: ganz mit allen Sinnen dabei sein, unbeschwert sein von dem, was kommt. Bewußt genießen ist ein Ausdruck des Vertrauens in das Leben.

Leidensfähigkeit

Obwohl die ganze Schöpfung auf Lieben und Genießen hin angelegt ist, gibt es doch viel Unvollkommenheit, die das Leben zur Last machen können, die Leid und Schmerz verursachen und Störungen erzeugen. Es gibt auf die Dauer gesehen kein Leben ohne die bittere Erfahrung der Enttäuschung und des Todes. Kein Mensch kommt ohne Schmerzen auf die Welt, und kaum jemand verläßt diese Erde wieder ohne die Schmerzen des Sterbens. Dazwischen liegen

Wachstum und Reifung, die immer mit Kampf, Verlust und Entbehrungen verbunden sind. Diese Tatsache auszublenden, wäre eine Einschränkung der Wirklichkeit und vielleicht auch ein Umgehen von Erfahrungen, die dem Leben Tiefe geben. Eltern, die ihren Kindern alle Schwierigkeiten aus dem Weg räumen, die dem Kind immer das geben, was es sich wünscht, die es nur verwöhnen, ohne es zu fordern, verhindern sein gesundes Wachstum und machen es lebensuntüchtig. Lebensstark und lebensvoll wird nur der Mensch, der früh genug gelernt hat, Grenzen zu erfahren und Frustrationen auszuhalten. Erst am Widerstand wachsen die Kräfte. Der Wille wird nur dort stark, wo er herausgefordert wird, Widerstände zu überwinden.

Es gibt aber auch Leid und Schmerzen, die unnötig sind und uns zugrunde richten können. Das sind dann keine Wachstumsschmerzen, sondern diese Leiden fordern uns heraus, alle Kräfte zu mobilisieren, um eine neue, bessere Situation für das Leben zu schaffen.

Mit Leidensfähigkeit ist weder eine stoische Unerschütterlichkeit noch eine durch Härte und Sinnlosigkeit entstandene Gefühllosigkeit gemeint, sondern die Reife, auch Spannungen und Widerwärtigkeiten in Geduld zu ertragen. Wer immer den Weg des geringsten Widerstandes wählt und alle Schwierigkeiten umgeht, kann nicht lernen, sich zu bewähren und in der Bewährung zu reifen.

Wer jeden Triebimpuls sofort befriedigt, ohne bis zum geeigneten Zeitpunkt warten zu können, wird von den unberechenbaren Ansprüchen seiner inneren Triebimpulse hin- und hergerissen sein. Er wird Schwierigkeiten haben, ein Ziel zu erreichen. Leidensfähigkeit ist die Kraft, zu warten, Spannungen auszuhalten und auf rasche voreilige Befriedigung zu verzichten. Er wird auch dann noch Geduld haben, wenn andere bereits nervös davonlaufen.

Unsere Umwelt will uns durch Werbung, Propaganda und verführerische Angebote das Warten ersparen. »Genieße jetzt, bezahle später«, ist der Tenor erfolgreicher Werbung. Auch die Werbung der Pharmaindustrie verstärkt die Tendenz, möglichst keine Schmerzen oder Spannungszustände auszuhalten. So entsteht bei vielen eine Lebenseinstellung, die alle Bedürfnisse sofort befriedigen will, und die Versuchung, über die Verhältnisse zu leben. Wir leben in unserm Land bereits auf Kosten der kommenden Generationen. Wir leisten uns mehr, als unsere Generation je zahlen kann. Wir sind nicht fähig, freiwillig zu verzichten, weil wir keine Leidensfähigkeit entwickelt haben.

Erst die Konzentration auf ein Ziel macht mich fähig, Opfer und Schwierigkeiten auf mich zu nehmen. Verzicht und Einschränkung sind nicht um des Verzichtes willen da, sondern um das größere Ziel zu erreichen.

Leiden verbindet uns in einem besonderen Maß mit Gott. Die Erlösung der Welt geschah nicht durch große Aktionen, sondern durch Passion. Nicht die Aktivisten werden die Welt retten, sondern diejenigen, die bereit sind, den unteren Weg zu gehen und sich, wenn nötig, unter Verzicht auf das eigene Wohl für andere einzusetzen. Leidenkönnen ist die Macht der Ohnmächtigen. Es ist die Kraft derer, die Ausdauer gelernt haben und deshalb reife Entschlüsse treffen und zu reifen Ergebnissen kommen. Leiden bringt auf geheimnisvolle Weise Frucht, denn Frucht wächst durch Loslassen, Hingeben, Sterben. Nur »das Weizenkorn, das stirbt, bringt viel Frucht« (Johannes 12,24)

Durch Leiden erfährt die Seele, daß Geben seliger ist als Nehmen, Freilassen wertvoller als Festhalten, und Verzichten größer als Habenwollen.

Aber Leiden widerspricht in allem dem natürlichen

Menschen. Er möchte lieber an der Oberfläche bleiben und schnell Erfolg haben. Er will für alle Probleme rasche Lösungen, für alle Krankheiten spontane Heilung und für alle Nöte möglichst ein Patentrezept. Dadurch werden aber die Kräfte der Seele und die Reichtümer aus den Räumen des Unbewußten nicht geweckt und nicht gefördert.

Zur Leidensfähigkeit gehört Selbstdisziplin. Diese zeigt sich auch darin, wie wir mit unserem Körper umgehen: ob wir ihn erziehen oder ihn verwöhnen, ob wir ihn stärken oder schwächen. Ein Sportler kann nicht siegen, wenn er seinen Körper nicht fordert und, wenn es sein muß, ihn zwingt, seine Reserven zu mobilisieren.

So wird auch keine Liebe wachsen, wenn sie nicht bereit ist, auch die Schmerzen der Enttäuschung auszuhalten, die bei jedem näheren Kennenlernen auftreten und die Liebe herausfordern. Unserem Geist erschließen sich keine neuen Räume, wenn wir nicht die Unbequemlichkeiten der geistigen Arbeit auf uns nehmen. Alle in uns angelegten Fähigkeiten entwickeln sich nur, wenn sie abgerufen werden. Nur wenn wir davon überzeugt sind, daß Schmerzen und Dunkelheiten uns unter Umständen fähiger machen, die Reichweite und Fülle unseres Lebens zu erfassen, werden wir uns den Schmerzen stellen.

Viele Ziele sind nur durch Überwinden der eigenen Trägheit, Wehleidigkeit und Bequemlichkeit zu erreichen. Es gibt Leiden, die keinen Sinn haben und keinen Ertrag bringen, weil sie nicht angenommen werden. Sie zerstören dann das Leben, statt es zu vertiefen.

Wir begegnen auch unnötigem Leid, gegen das wir mit allen Kräften der Seele und des Geistes angehen sollen. Mit zunehmender Reife wächst aber auch die Möglichkeit, dem Leiden, das wir nicht ändern können, einen Sinn zu geben.

Es gibt genügend Beispiele von Menschen, die durch einen Schicksalsschlag scheinbar aller sinnvollen Lebensmöglichkeiten beraubt wurden. Aber durch die Art, wie sie ihr Schicksal annahmen und sich ihrer Situation stellten, gaben sie ihrem Leben eine neue Qualität.

Heilung der Persönlichkeit

Nicht nur Unreife und Entwicklungsstörungen hemmen unser Leben und Personsein, sondern auch Verwundungen und Krankheiten der Seele. Was für unseren Körper die Organe sind, sind für unsere Seele die Gefühle. Sie können wie ein guter Organismus funktionieren, aber sie können auch durcheinander geraten und sogar sterben. Die Gefühle beeinflussen unser Leben ständig, auch wenn es uns nicht bewußt ist. Sie geben als Stimmung dem Tag ihre Farbe – düster oder hell. Sie können auch aus inneren Verwundungen heraus ständig Kräfte abziehen und ganze Lebensbereiche blockieren. Traumatische Erlebnisse machen uns manchmal unfähig, auf den von den Erlebnissen betroffenen und angrenzenden Gebieten gesund zu empfinden und zu reagieren, zum Beispiel in der Sexualität oder im Bereich der religiösen Erfahrungen. Die angeschlagenen Gefühle lassen sich dabei leicht bestätigen durch Argumente, die erklären, warum gerade dieser Erlebnisbereich nicht wichtig oder interessant ist, oder warum man an dieser oder jener Stelle eigentlich gar nichts erleben will. Die blockierten Gefühle sind dann besonders stark und werden fixiert, wenn sie durch solche rationalen Begründungen ihre Berechtigung gefunden haben.

Ängste können so groß werden, daß sie uns hindern, Neues zu erleben und andere, positive Erfahrungen zu machen. Die Angst vor dem Wasser macht das Schwimmenlernen unmöglich. Die Angst vor dem Fliegen kann unter Umständen die Urlaubsplanung einer ganzen Familie einseitig festlegen und damit einschränken. Verstimmungen halten oft jahrelang an und vergiften ganze Lebensabschnitte, die dann auch später in Erinnerung als dunkel und belastend auftauchen. Diese Störungen betreffen immer auch das soziale Umfeld; eine gestörte Sexualität beispielsweise ist ja nicht nur für den Betroffenen eine Behinderung, sondern gleichzeitig für den Partner.

Verstimmungen können sich in einer Gruppe wie eine schleichende Vergiftung ausbreiten und die Atmosphäre belasten. Eine Heilung der Persönlichkeit ist immer an eine Heilung der Gefühle gekoppelt.

Bevor ausführlich über den Prozeß der Heilung der Gefühle gesprochen werden kann, ist es wichtig, die Bedeutung der Gefühle für unser Leben aufzuzeigen. Gefühle sind grundsätzlich immer gut, wenn sie echt sind. Sie haben eine wichtige Funktion; sie sind jedoch nicht immer schön und angenehm und werden deshalb auch nicht immer akzeptiert. Unsere Gefühle sagen viel aus, denn sie sind Ausdruck unseres inneren Befindens. Wenn sie nicht zu Wort kommen, sondern verdrängt werden, oder wenn sie in der gesellschaftlichen Ordnung keinen Platz haben, können sie Störungen hervorrufen, die sich belastend auf die ganze Entwicklung auswirken. Sie können Neurosen und Süchte, das heißt krankhafte Lebenseinstellungen und – Lebenshaltungen erzeugen. Sie können sich so sehr stauen, daß sie sich in explosiven Ausbrüchen oder Zusammenbrüchen Geltung verschaffen und dann oft eine zerstörerische Wirkung haben. Sie können aber auch ganze Lebensbereiche einfrieren. Nicht umsonst nennt man die sexuelle Gefühlskälte Frigidität. Viele Eheleute kennen in ihren Beziehungen ein Erfrieren ihrer Gefühle. Man bezeichnet diesen Zustand als Kältetod der Gefühle. Die ursprünglich warmen und temperamentvollen Empfindungen füreinander geraten langsam in eine Abkühlung, die bis zur völligen Beziehungslosigkeit führen kann. Nicht einmal Haß oder Abneigung sind dann noch zu spüren, sondern nur Gleichgültigkeit.

Voraussetzung für alle Änderung und Heilung im Gefühlsbereich ist das Wahrnehmen der Gefühle. Es kann dabei sehr hilfreich sein, die mit der Störung verbundenen Erlebnisse noch einmal bewußt zu durchdenken und nachzuerleben, wenn sie in der Erinnerung auftauchen. Meist ist es nicht nur ein Einzelerlebnis, das die Gefühlsstörungen hervorruft, sondern eine ganze Serie von kränkenden Begebenheiten.

Unter diesem Gesichtspunkt ist eine Bewußtmachung und Benennung der Gefühle, die sich oft zu einer dunklen Stimmung zusammenballen, notwendig. Man kann sich verletzte Gefühle in Bildern oder Metaphern klarmachen, damit sie wiedererweckt und greifbar werden. Unsere Traumwelt stellt uns hier eine Fülle von Bildern zur Verfügung, die, wenn wir sie recht deuten, verborgene Gefühlszustände entlarven. Bilder, Szenen und Personen eines Traumes sind häufig eine Beschreibung von Gefühlen, die wir im Wachzustand nicht wahrnehmen. So kann ein intensiver Traum oder eine Serie von Träumen bereits eine heilende Wirkung haben, weil hier Verletzungen, Kränkungen und Enttäuschungen bildhaft oder szenisch verarbeitet werden. Die erkannten und benannten Gefühle sind handhabbar. Wir können mit ihnen ins Gespräch kommen, sie anschauen, verstehen und annehmen. Wir sind dadurch in der Lage, eine neue Beziehung zu ihnen aufzunehmen, so daß sie nicht mehr im Verborgenen bluten, sondern ausheilen.

Nicht alle Gefühlsstörungen lassen sich auf diese verhältnismäßig einfache Weise beseitigen. Schwere Verletzungen bedürfen einer anderen, intensiven Bearbeitung, um heil zu werden. Aber nicht zu jeder Zeit ist es möglich, solche Störungen zu behandeln. Über ganze Lebensabschnitte hin können wir durch äußere Ablenkung, durch berufliches, familiäres oder sonstiges Engagement gestörte Gefühlsbereiche verdrängen, so daß das Defizit zunächst nicht in Erscheinung tritt. Jedoch in Lebenskrisen oder in anderen Alters- und Entwicklungsphasen gelangen diese bisher verdrängten Bereiche zu neuer Aktivität und verlangen Beachtung. Jede Lebenskrise, aber auch jeder Eintritt in einen neuen Lebensraum (Ehe oder Elternschaft) oder der Anfang einer neuen Lebensperiode (Beruf, Menopause, Beginn der Rentenzeit) kann verborgene Verletzungen aktivieren. So bieten besondere Zeiten der Krise Gelegenheit, Vergangenes aufzuarbeiten. Der neue Lebensabschnitt kann danach mit einer gereifteren Einstellung und als reifere Persönlichkeit angegangen werden.

Innere Heilung

Es gibt Kränkungen der Person, die nicht nur durch Erkennen und Benennen, das heißt durch reflektierendes Verarbeiten geheilt werden können, sondern bei denen eine gute seelsorgerliche Begleitung oder eine Reihe therapeutischer Beratungen notwendig ist, um den Gefühlsbereich neu zu ordnen. Solche Begleitung kann Stützung und Ermutigung bedeuten, Tröstung und Herausforderung.

Die Heilung in tiefen Schichten der Person durch tödlich wirkende Verletzungen im Gefühl kann in fünf Entwicklungsstufen geschehen. Es sind die Stufen des Sterbens, die von der Psychotherapeutin Kübler-Ross bei Sterbenden beobachtet und dann beschrieben worden sind. An diesen Phasen wird deutlich, daß der Weg der inneren Heilung mit dem des biologischen Sterbens verglichen werden kann.

Die fünf Stufen sind:

Verleugnung

Für den Sterbenden ist es oft zunächst sehr schwer, die Tatsache seines bevorstehenden Todes anzuerkennen und sich damit auseinanderzusetzen. Obwohl er die Ahnung hat, daß sein Leben unausweichlich zu Ende geht, versucht er, sich dieser Erkenntnis zu entziehen.

Dasselbe erleben wir auch bei Menschen mit schweren psychischen Verletzungen, die oft geradezu oberflächlich behaupten, daß ihnen das alles nichts ausmache, daß sie damit fertig würden, daß sie nicht gekränkt oder nicht verletzt seien.

Die Verletzung kann darin bestehen, daß sie einen geliebten Menschen verloren haben, daß ihre Ehe zerbrach oder daß ein heranwachsendes Kind die Eltern durch sein Verhalten tief in ihrem Selbstwert erschütterte. Häufig entstehen auch Verwundungen durch eigenes Versagen – durch Fehler, die man sich selbst nicht verzeihen kann, oder durch Schuld und Verhaltensweisen, die eine tiefe Beschämung verursachen. In solchen Fällen ist es zwecklos, den Betroffenen überzeugen zu wollen, daß er verletzt ist und daß ihm das Ganze doch sehr viel ausmacht. Jede Entwicklungsstufe hat ihre spezifische Zeit, bis sie in die nächste Phase eintreten kann.

Haß und Abwehr

Wenn die Tatsache der Verletzung nicht mehr zu leugnen ist, wenn das Bewußtsein vom Unbewußten so bedrängt wird, daß es seine Verleugnungstaktik aufgeben muß, kann die Verletzung in elementaren Haß und in Aggression gegen die Verursacher dieser Situation umschlagen. Wenn sich die Aggression nicht entlädt oder der Haß nicht ausgesprochen wird, kann der Heilungsprozeß an dieser Stelle steckenbleiben. Hier wirkt eine Frömmigkeit, die solche Gefühle als negativ abstempelt, besonders störend. Dann bleibt es bei der Verdrängung und den Symptomen, und die Heilung kann nicht fortschreiten. Gelingt es dagegen, die aggressiven Gefühle auszudrücken, wird der Weg frei für eine tiefere Bearbeitung.

Der Umgang mit Aggressionen bedarf unbedingt einer ausführlicheren Betrachtung. An dieser Stelle soll nur darauf hingewiesen werden, daß Aggressionen für den Heilungsprozeß wichtig sind und daß sie ein wertvoller Beitrag zur Klärung und Reinigung der Psyche sein können. Es mag für manchen eine Hilfe sein, zu wissen, daß wir unsere Wut und Enttäuschung auch im Gebet zum Ausdruck bringen dürfen. Gott ist groß genug, unsere Gefühlsausbrüche zu akzeptieren und auszuhalten. Das Klagen und die Wut haben im Gebet ebenso ihren Platz wie das Bitten und Danken.

Verhandeln

Noch ist der Verletzte nicht bereit, die Gefährdung in ihrer ganzen Schwere zuzugeben. Er sucht immer noch nach rationalen Erklärungen, die ihn vor der harten Wahrheit retten könnten. Zum Beispiel: Andere sind schuld an meinem Unglück; die Verhältnisse waren ungünstig, ich konnte ja nicht anders; vielen widerfährt dasselbe, darum ist das, was ich erlebte oder wie ich reagierte, ganz normal; vielleicht hilft mir eine Therapie; die Zeit heilt die Wunden; ich will mich jetzt nicht weiter damit beschäftigen.

Für den begleitenden Seelsorger oder Therapeuten wird gerade durch dieses Verhandeln deutlich, wie stark der Betroffene durch seine Vergangenheit verletzt ist und noch Zeit braucht. In dieser Situation ist es wichtig, nicht mit schnellen Tröstungen oder falschem Zuspruch zur Hand zu sein.

Depression

Wer den Heilungsprozeß durchstehen will, muß in eine Tiefe der Hilflosigkeit und vielleicht der Verzweiflung geraten, in der keine Ausrede oder Entschuldigung mehr hilft. Schuld ist dann Schuld und Kränkung bleibt Kränkung. Die Unausweichlichkeit der Lage, die Unmöglichkeit einer Wiedergutmachung kann so erschüttern, daß dieses Erlebnis einem Sterben gleichkommt. Das Ja-Sagen und Akzeptieren ist dann wie eine Vorwegnahme des Sterbens. Im Blick auf Schulderfahrungen ist dieses Stadium die Einsicht in die Unumkehrbarkeit einer Verfehlung und in das Unabänderliche eines Geschehens. Die Hoffnungslosigkeit, je etwas wiedergutmachen zu können, hat häufig Depressionen zur Folge. Depression muß hier nicht im pathologischen Sinne verstanden werden, sondern als Ausdruck für die Unfähigkeit, sich selbst zu helfen, und für eine Gefühlslage von Verzweiflung und Ohnmacht. Es gibt jetzt keine Rechtfertigung oder Beschönigung mehr. Wenn es sich um Verletzungen und Kränkung durch andere handelt, hört alles Umsichschlagen und Beschuldigen auf. Ich werde zugeben müssen, daß ich verletzt, betroffen und gekränkt bin und daß nichts diesen Tatbestand ändern kann.

Wenn dieser Prozeß ausgehalten wird, hat bereits die nächste Phase eingesetzt: die des Akzeptierens. Es besteht ein wesentlicher Unterschied darin, ob ich eine Sache hinnehme oder ob ich sie annehme. Akzeptieren heißt, zu dem Erlebten ja zu sagen und sich nicht mehr dagegen aufzubäumen. Das eröffnet eine Sicht, die schon das Neue, das daraus hervorgehen wird, erahnt. Im Schuldbereich kommt es zu der Einsicht, daß keine noch so gute Entschuldigung die Schuld wegnimmt, sondern allein Vergebung – daß ich persönlich nichts tun kann, um heil zu werden, sondern daß ich einen Heiler brauche, der größer ist als ich, größer als alle Verwundungen der Seele und als alles, was mir diese Verwundungen zugefügt hat. Vergebung wird in dieser Phase nicht mehr allgemein oder oberflächlich erlebt etwa im Sinne wie: »Es wird schon wieder gut werden« oder »Wir vergessen, was schlimm war, und gehen nun wieder zur Tagesordnung über«, sondern als tiefe Erschütterung, der ein großer Friede folgt.

Dieses Erleben steht in engem Zusammenhang mit dem Sterben Christi. Das Kreuz ist ursprünglich Zeichen des Todes, der Hinrichtung, der Schande, des totalen Versagens, das Ende aller Illusion. Im Licht der Auferstehung wird es zum Zeichen des Heils und des neuen Lebens.

Durch die Aufhebung der Schuld und durch die Vergebung wird ein verborgenes, positives Kapital frei. Die Schuld wird in eine wertvolle Erfahrung umgewandelt, die neue Kraft vermittelt. Anstelle der verletzten und gestorbenen Gefühle können neue Empfindungen »auferstehen«: das Gefühl der Dankbarkeit zum Beispiel für das, was geschah, weil es einen verborgenen Sinn in sich trug – aber auch für das, was jetzt ist; nicht zuletzt eine Dankbarkeit dem gegenüber, der die Schuld aufhebt und davon löst. Aus der Barmherzigkeit heraus, die ich von Gott erfahre, ersteht neu das Gefühl der Barmherzigkeit mir selbst und anderen gegenüber. Die Erkenntnis, daß aus Schuld und Versagen eine neue Beziehung wachsen kann, und das Gefühl der Barmherzigkeit, das mir eine neue Weisheit schenkt, verleiht der Vergebung einen hohen Wert. Manchmal ist der Lebensabschnitt, der nach einer solchen Heilung beginnt, wertvoller als alles Vorherige.

Die Heilung der Gefühle in einem solchen Prozeß zeigt sich nicht nur in der Fähigkeit, sich selbst neu zu sehen, sondern auch andere in einem neuen Licht zu erkennen und zu verstehen. Die Heilung, die auch die Erinnerung heilt, macht den positiven Wert der Vergangenheit deutlich. Auch belastete Erinnerungen brauchen nicht mehr zu stören und das Leben blockieren, sondern sie werden als Erfahrung den neuen Lebensabschnitt befruchten und bereichern.

Heilung der Verstimmungen

Viele fühlen sich ihren Stimmungen gegenüber hilflos. Sie erwachen morgens mißgestimmt, ohne sagen zu können, woher das kommt, und ohne zu wissen, wie lange dieser Zustand anhalten wird. Sie kämpfen sich durch den verstimmten Tag, der unter Umständen nur der Anfang einer ganzen Serie von Verstimmungen ist. Verstimmungen können sich als permanente Unlust zeigen, als Lethargie, als Verspannung oder Nervosität, als Niedergeschlagenheit, als ständiges Gereiztsein oder auch als Gleichgültigkeit. Stimmungen hängen mit Stimmen zusammen. Es handelt sich hierbei um innere Stimmen, die wir manchmal schon früh als Kinder in uns aufgenommen haben und die wie eine Schallplatte immer wieder denselben Satz und dieselbe Stimme wiederholen.

Diese Stimmen sind wie Negativformeln, die sich

eingeprägt haben und nun als ständige, wenn auch unbewußte Wiederholung den Innenraum unserer Seele füllen. Solche Stimmen wirken zerstörerisch in uns und sagen uns zum Beispiel häufig: »Du bist nichts – du taugst nichts – aus dir wird nie etwas – du wirst schon sehen, wohin das führt – das hat doch alles keinen Zweck!«

Es gibt noch eine Fülle von detaillierteren Äußerungen, die wir in uns speichern und die auch unser Leben und Verhalten bis in Kleinigkeiten mitbestimmen; zum Beispiel: »Du bist einfach ungeschickt – du begreifst wohl etwas langsam – deine Nase scheint ein bißchen lang geraten zu sein« usw.

Es gibt auch christliche Negativformeln, die die Stimmung eines Christen stark beeinflussen können, wie zum Beispiel: »Ich bin ein elender Mensch und habe ein böses Herz – ich bin unwürdig – nur ein Wurm vor Gott – nur Staub – ich bin unfähig, Gutes zu tun – Gott liebt mich trotzdem...«

Die Liste solcher Äußerungen ließe sich beliebig fortsetzen. Keine äußeren Umstände können unsere Stimmung so nachhaltig beeinflussen wie unsere inneren Stimmen. Wir wissen aber aus Erfahrung, daß positive Stimmen eine Unstimmung bewirken. Wenn jemand sagt: »Ich liebe dich«, kann das einen Stimmungsumschwung herbeiführen, der meine ganze Haltung, ja mein ganzes Leben verändert.

Aus den Berichten über das Leben Jesu erfahren wir, daß am Anfang seiner Wirksamkeit, bei seiner Taufe, eine Stimme zu vernehmen war, die sicher sehr stark sein Leben und Wirken mitbestimmt hat: »Dies ist mein lieber Sohn, der mir wohlgefällt« (Lukas 3,22). Wir können uns vorstellen, daß dieses Wort in den verschiedenen Situationen, die Jesus erlebte, seine Stimmung beeinflußte und ihn auf seinem Weg bestimmte und gewiß und sicher machte.

Die negativen inneren Formeln bedürfen einer bewußten Umstimmung, wenn sie ihre beherrschende Kraft in unserem Leben verlieren sollen. Es ist notwendig, diese Stimmen zunächst überhaupt einmal wahrzunehmen, sie zu hören und vielleicht darüber zu erschrecken, wieviel Einfluß sie bisher auf mich ausgeübt haben. Für manchen kann diese Entdeckung eine tiefe Erschütterung auslösen. Sie kann aber auch Fehlentscheidungen und mißlungene Unternehmungen erklären, die unbewußt schon negativ programmiert waren. Zu den Negativstimmen gehören auch Formulierungen, die ein Werturteil ausdrücken: »Du bist unmöglich – das tut man nicht – das ist häßlich.« Alle diese Formeln werden schon sehr früh ungeprüft übernommen und eingeprägt. Sie machen unser Verhalten klischeehaft und angepaßt.

Der Prozeß, sich die inneren Formeln, Stimmen und Stimmungen bewußt zu machen und zu überprüfen, kann sehr langwierig sein. Viele Verhaltensweisen sind so tief eingeschliffen, daß wir sie oft nur in uns entdecken, wenn wir Menschen treffen, die uns durch ihr anderes Verhalten aufhorchen lassen und eine Ahnung von neuen Lebensmöglichkeiten in uns wecken.

Umstimmung geschieht durch bewußte Neuformulierung, durch die Einprägung positiver Stimmen, die ich mir selbst eingebe. Es ist nicht leicht, jahre- und jahrzehntealte Formeln zum Schweigen zu bringen bzw. sie zu überstimmen – und doch ist es möglich. Ich kann durch bewußte Neuprägung positive Botschaften in meine Seele einprägen, die eine gute Wirkung haben und eine frohe Stimmungslage schaffen. Diese erzieherische Arbeit an mir selbst ist nötig, um zu einer positiven Lebenseinstellung zu kommen. Das gilt ebenso auch für die Gottesbeziehung. Ich sammele auch hier bewußt die positiven Aussagen und nehme sie damit in mich auf.

Gefühle und Stimmungen können erzogen werden. So wie sich die belastenden Gefühle langsam eingeprägt haben, so müssen auch die positiven Empfindungen eingeprägt werden und wachsen. Bilder, die meditativ aufgenommen werden, sind dabei hilfreich, ebenso gute einfache Formulierungen, die wie Merksätze durch häufiges Wiederholen einen festen Sitz im inneren Gefüge bekommen. Sie werden dann nach und nach unbewußt wirksam, so wie vorher die negativen Formeln. Die bildhaft formulierten Aussagen von Psalm 23 sind ein gutes Beispiel für die Einübung in positive Grundeinstellungen: »Der Herr ist mein Hirte, mir wird nichts mangeln...« Ich kann diese Aussagen so oft wiederholen, bis sie in mir zu einer »Feststellung« geworden sind und zu einem festen Bestandteil nicht nur des Bewußten, sondern auch des Unbewußten.

Durch ein langsames meditatives Durchsprechen eines Textes, kann es zu einer positiven Umstimmung selbst bei depressiven Verstimmungen kommen.

Die Erfahrungen, daß Gefühle und Stimmungen nicht nur kommen und gehen, wie sie wollen, sondern daß ich in der Lage bin, sie bewußt zu beeinflussen, kann zu weiteren Übungen führen. So lassen sich zum Beispiel Gefühle wie Zärtlichkeit und Zuneigung wecken. Ich kann meine Augen und Hände lehren, sich einem Gegenstand, zunächst vielleicht einer Blume oder einem anderen zarten Gebilde, behutsam und vorsichtig zu nähern. Ich kann ihn berühren und in der Berührung durch meine Sinnesorgane eine Rückmeldung empfangen, wie das Zärtlichsein sich »anfühlt«. In diesem Vorgang des vorsichtigen Fühlens ist nicht nur der Körper mit seiner Sinnlichkeit beteiligt, sondern gleichzeitig werden auch in der Psyche entsprechende Gefühle geweckt.

Dasselbe gilt beispielsweise auch für Freundlichkeit.

Im Prozeß der Heilung und Ganzwerdung ist nicht nur der Körper auf die Seele angewiesen, sondern die Seele kann auch durch den Körper geweckt und entfaltet werden. Körperliches und seelisches Fühlen fließen ineinander über. Der Fluß verläuft nicht nur in eine Richtung von innen nach außen, sondern auch in umgekehrter Richtung! Wir können durch äußeres Berühren auch innerlich berührt werden, das heißt vom Anfassen zum Erfassen kommen. Während normalerweise die unbewußten Stimmen und Stimmungen den Einfluß auslösen, kann ich lernen, das innere Klima bewußt von außen her zu verändern. Ich kann lernen, Gegenstände oder Menschen zärtlich zu berühren und dabei die Zärtlichkeit mit meiner Seele fühlen. Ich kann jemanden bewußt freundlich ansehen und mit ihm sprechen und dabei merken, daß sich auch in meinem Inneren eine Freundlichkeit ausbreitet. Ich kann mich so bewußt jedem Menschen zuwenden und zuneigen und mein Inneres auf ihn einstellen. Voraussetzung ist natürlich, daß dies meiner inneren Absicht entspricht.

Heilung durch Begegnung

Mit dem Abbau der belastenden Gefühle, Erinnerungen und Stimmungen habe ich bereits begonnen, eine neue Beziehung zu mir selbst und damit zu meinem Selbst zu entwickeln. Die meisten Menschen leben in ihrem Bewußtsein nur von innen nach außen und sind manchmal sehr überrascht von der Wirkung, die sie auslösen. Vielleicht sind sie auch erstaunt über ihre eigenen Reaktionen, die sie selbst nicht verstehen und einschätzen können.

Der Ausbau der Beziehung zu mir selbst ist eine

wichtige Arbeit in der Entwicklung der Persönlichkeit. Doch wer ist das eigentlich: Ich selbst? Mit dem Ausdruck »Ich selbst« sind schon zwei Bereiche der Persönlichkeit angesprochen, die miteinander in Beziehung treten können: das Ich als Ort des Bewußtseins, des Willens – und das Selbst als der Bereich, der alles Unbewußte, Unerkannte und doch in mir Vorhandene umfaßt. Es läßt sich leicht vorstellen, daß das Selbst größer, umfassender und weiser ist als das Ich und daß es mit dem Ich in Kontakt kommen muß, damit die Spaltung meiner Person in einen bewußten und einen unbewußten Teil nicht noch größer wird und die Einzelbereiche nicht ihr eigenes, getrenntes Leben führen. Der Ausdruck »zu sich selbst kommen« macht vielleicht deutlich, daß viele Menschen so sehr in Außenbezüge eingespannt sind, daß sie keinen Bezug mehr zu sich selbst haben.

Der Prozeß der Selbstentdeckung und Selbstfindung heißt Individuation und ist weit von dem entfernt, was oft fälschlich als Ich-Sucht oder Selbst-Sucht bezeichnet wird. Es ist vielmehr ein Weg der Erleuchtung, der uns durch den Geist Gottes ermöglicht wird, indem er uns zu einer vertieften Selbsteinsicht, einer umfassenderen Selbsterkenntnis und damit zu einem besseren Umgang mit uns selbst verhilft.

Es kann in diesem Zusammenhang nur angedeutet werden, wie dieser Prozeß der Selbstfindung geschieht. Folgende Fragen erfordern eine Antwort:

Wo liegen meine Gaben, meine Grenzen, meine Gefahren?

Was sind meine Prägungen, meine inneren Stimmen und Formeln, meine Defizite, meine Minderwertigkeitsgefühle?

Was sind meine geheimen, mir selbst noch nicht eingestandenen Sehnsüchte und Erwartungen?

Welche Rückmeldungen bekomme ich aus meiner

Umgebung über mein Verhalten und mein Wesen? Was kann ich davon annehmen?

Die Begegnung mit dem Du

Wer bin ich eigentlich? Das ist die Frage, die den Prozeß der Selbstfindung unermüdlich in Gang hält. Selbstbejahung, Selbstannahme, auch Liebe zu sich selbst sind erst möglich, wenn ich mich selbst gefunden habe, wenn mein Selbst nicht mehr der unbekannte, fremde Partner in mir ist, dem ich ausgeliefert bin, vor dem ich mich in meinen Träumen fürchte. Das Selbst will sich mit dem Ich verbinden und die Versöhnung zwischen meinem bewußten und meinem unbewußten Leben soll in mir stattfinden. In der Begegnung mit mir selbst werde ich entdecken, daß ich mehr und auch weniger bin, als ich dachte, daß ich einfach anders bin, als ich sein wollte. Das Ziel der Selbstfindung besteht darin, sagen zu können: »Ich bin der, der ich bin.« Erst danach werde ich in der Lage sein, zu überlegen, wie ich sein möchte und wie ich werden will.

Heilung kann auch in der Beziehung zum Du geschehen. Wer sich selbst nicht kennt, wird im Du immer wieder Teilen von sich selbst begegnen: dem eigenen Schatten. Der Splitter im Auge meines Gegenübers ist aus dem gleichen Holz wie der Balken in meinem eigenen Auge. In der Liebesbeziehung suchen wir unbewußt die Ergänzung im Gegenüber, »unsere bessere Hälfte«. Durch das Du erkenne ich meine Grenzen und meine Schatten. Durch ein Du erfahre ich Bestätigung und Rückmeldung über meine Wirkung. Das Du erlöst mich aus der Einsamkeit und dem Ausgeliefertsein an mich selbst. Aber nicht jede Beziehung zu einem anderen Menschen wird zu einer heilenden Begegnung. Solange ich den anderen noch mit meinen Vorurteilen, mit meinen Hoffnungen, die er erfüllen soll, mit Wünschen, die er befriedigen muß, befrachte, werde ich ihn immer nur als Teil von mir selbst sehen und nicht als den Menschen, der er in Wirklichkeit ist. Diese unreifen Beziehungen zeigen sich in Vorwürfen und enden schließlich in Resignation. Sie sind keine Wachstumshilfe, sondern erzeugen eher Mißtrauen und Skepsis.

Voraussetzung für eine heilende Begegnung ist die Anerkennung der Originalität des anderen, dem ich begegne. Ich sage im Stillen zu ihm: »Ich kenne dich nicht, aber ich will dich kennenlernen – ich verstehe dich nicht, aber ich möchte dich verstehen.« Jede echte Begegnung erfordert Ehrfurcht – Ehrfurcht vor dem unbekannten Fremden, auch in dem mir scheinbar so bekannten Freund, Ehrfurcht vor seiner Originalität.

Besonders schwer ist eine solche Begegnung in Beziehungen, in denen Abhängigkeit voneinander besteht. Das gilt für viele Ehen, aber auch für das Verhältnis zwischen Eltern und Kindern und für andere Beziehungsfelder, in denen wir aufeinander angewiesen sind. Das Beziehungsfeld »Ich und Du« wird zu einer heilsamen Beziehung, wenn das »und« zwischen dem Ich und dem Du als etwas Verbindendes und zugleich Trennendes gesehen werden kann. Ich und Du – das ist nicht eine Verschmelzung zweier Personen zu einer Einheit Ich/Du. Das »und« in der Formel »Ich und Du« ist ein Zeichen der Verbundenheit und zugleich der Trennung.

Auch eine Liebesbeziehung ist auf die Dauer nur heilsam, wenn es nicht zu einer Verschmelzung im Sinne einer totalen Angleichung kommt, sondern wenn beide Partner sich als selbständige Persönlichkeiten ernst nehmen. Sätze wie »Ich kenne dich doch« oder »Ich weiß schon, was du willst« oder »Du bist immer so« sind Zeichen dafür, daß die Beziehung noch unreif ist. Je mehr ich mich selbst als unendliches und unerforschtes Wesen immer besser kennenlerne, desto leichter kann ich glauben, daß auch der andere ein mir noch unbekanntes Wesen ist. Wie könnte ich dieses Wesen kennen, wo ich mich selbst noch nicht kenne?

Heilung durch Begegnung mit Gott

In der »Ich und Du«-Beziehung erfahre ich, wie ich wirke. Dabei lerne ich auch meine Schatten kennen. Durch Gott erfahre ich, wer ich bin, wer ich sein kann und sein werde. Gott gibt mir meine Bedeutung.

Die Begegnung mit ihm als meinem Schöpfer lehrt mich, meine Originalität ernst zu nehmen.

Die Begegnung mit Gott dem Erlöser schenkt mir die Möglichkeit, mich selbst anzunehmen, auch in meinen dunklen Seiten und den Abgründen meiner Gedanken, Wünsche und Triebansprüche.

In der Begegnung mit Gott, dem Heiligen Geist, erfahre ich die alles umfassende Liebe und werde dadurch selbst liebesfähig. »Die Liebe Gottes ist ausgegossen in unsere Herzen durch den Heiligen Geist« (Römer 5,5).

So sehr wir Gott als höchste Einheit erleben, so hilfreich kann es sein, sich die unterschiedlichen Aspekte von Gott als dem Vater (Schöpfer), dem Sohn (Erlöser) und dem Geist (Vollender) deutlich zu machen, weil sie in uns verschiedene Erfahrungsbereiche ansprechen.

Heilung durch Heil (Ganzheit)

Oberflächlich betrachtet unterscheidet sich ein aktiver Christ von einem Nichtchristen dadurch, daß er noch eine zusätzliche Gewissensbelastung mit sich herumträgt: Er hat nicht nur, wie fast jeder andere, ein schlechtes Gewissen seinem Beruf gegenüber, weil er sich dort eigentlich noch mehr engagieren müßte, und seiner Familie gegenüber, weil diese von ihm mehr Zeit und Aufmerksamkeit erwartet. Bei ihm kommt noch das schlechte Gewissen gegenüber seiner Kirche dazu, in die er sich eigentlich auch stärker einbringen sollte. Dieses permanent schlechte Gewissen erzeugt eine erhöhte Spannung und eine Unzufriedenheit, die sich nicht gerade in einem befreiten Wesen äußert. An diesem Zustand ist aber ein Mißverständnis schuld. Das Engagement als Christ ist immer falsch verstanden, wenn es als etwas Zusätzliches zum privaten oder beruflichen Bereich betrachtet wird. Die eigentliche Befreiung liegt doch darin, daß unser ganzes Leben ein Leben mit dem Geist Gottes ist. Es gibt keine getrennten Bereiche. Nicht meine Aktivitäten für eine Gemeinde sind in erster Linie gefragt, sondern mein Sein. Das Sein ist aber nicht aufzuspalten in verschiedene Aufgabenbereiche, sondern kann nur in der Ganzheit gelebt werden. Ich bin derselbe in meinem Beruf, in meiner Familie und unter anderen Christen. Überall bin ich ein Mensch Gottes. Es gibt nur eine Welt und eine Wirklichkeit, und zu dieser meiner Welt und Wirklichkeit gehören alle Bereiche, Beziehungen und Aufgaben meines Lebens.

Es liegt eine Befreiung in der Erkenntnis, daß für meine Existenz und für meine Bedeutung nicht ausschlaggebend ist, was ich tue oder nicht tue, sondern was ich bin. Mein Leben muß weder von der Leistung, die die Gesellschaft von mir erwartet, noch muß es an den Maßstäben der Intelligenz, der Begabung oder der Rolle, die ich spiele, gemessen werden. Meine Bedeutung ist auch nicht abhängig von moralischen, ethischen Prinzipien. Sie hat ihre Qualität in sich, daß ich mich erfahre als einer, der liebenswert und geliebt ist. Selbst wenn ich es für mich nicht in Anspruch nehme oder wenn es mir von meiner Umgebung nicht rückgemeldet werden sollte, kann ich es immer bei Gott erfahren, der mich umfassend liebt, so wie ich war, wie ich bin und einmal sein werde.

Der ganze Mensch, und nicht nur seine Seele, ist ihm wichtig. Der ganze Mensch, und nicht nur seine Sonnenseite ist angenommen. Dieses Bewußtsein des totalen Angenommenseins kann zu einer wunderbaren Befreiung führen; auch zu einer Befreiung der Gefühle, die jetzt nicht mehr sortiert werden müssen in werte und unwerte Empfindungen. Ich darf Begeisterung, Heiterkeit und Verliebtsein und ebenso Wut, Enttäuschung und Trauer zeigen. Alles hat seinen Wert und seinen Platz.

Der Aspekt meiner Ganzheit führt auch zu einer Freiheit im Denken. Nicht nur die guten und wertvollen Gedanken sind erlaubt, sondern auch die Zweifel und die kritischen Fragen. Der Geist Gottes bewirkt und fördert den Prozeß der Integration der gesamten Persönlichkeit, und dazu gehört auch die ganze Reichweite meines Intellekts.

Zur Ganzheit und zum Heil gehört auch die Vorstellung, daß sich das Leben nicht allein zwischen Geburt und Tod abspielt, sondern unendlich ist – der Glaube, daß ich eine über meine bewußte Lebenszeit hinausreichende Bedeutung habe und daß mit dem Tod das Leben nicht endet. Es verliert auch dann nicht seinen Sinn, sondern weitere Räume werden sich mir erschließen. Der Wandlungsprozeß und das Wachstum werden weitergehen. Von diesem ganzheitlichen Denken her können auch Ereignisse in meinem Leben, die scheinbar nicht einzuordnen sind und sinnlos erscheinen, verstanden werden. Der Glaube ist gekoppelt an Liebe und Hoffnung und an eine Kraft, die das scheinbar Zusammenhanglose zusammensieht und allen Ereignissen, auch den schweren und belastenden, etwas Positives abgewinnen kann, mag auch der Verstand hinterherhinken. Der Glaube reicht weiter als mein Denken, so wie die Liebe weiter reicht als meine Gefühle und die Hoffnung weiter als meine Ängste.

Die neue Gemeinschaft: der angstfreie Raum

Wenn Individuation – die Ganzwerdung des Menschen, seine Selbstfindung, seine Persönlichkeitsreifung – eines der großen Ziele Gottes ist, dann kann man sich gut vorstellen, daß eine Gemeinschaft mit Menschen, die auf diesem Weg sind, sehr kompliziert sein muß!

Erfahrungsgemäß funktioniert eine Gemeinschaft am besten, wenn sie einfach und klar strukturiert ist; am allereinfachsten, wenn nur einer befiehlt und alle anderen gehorchen. Je differenzierter die Menschen sind, die eine Gemeinschaft bilden, desto mehr Schwierigkeiten ergeben sich.

Auch in christlichen Kreisen ist der Sog zur Vereinfachung deutlich zu spüren. Auch hier sind Menschen gern gesehen, die sich anpassen, im Gleichschritt marschieren, das Gleiche denken und wollen, und weniger solche, die durch ihre eigenen Ideen alles in Unordnung bringen können. Die Gemeinsamkeit und Einheit wird nach außen durch möglichst viele Aktionen und ein gemeinsames Glaubensbekenntnis demonstriert. Bei aller Liebe zur Ökumene glaubt jeder im stillen für sich, daß es doch letztendlich nur eine richtige Konfession oder Kirche geben kann – wobei er natürlich an die eigene denkt; logischerweise, sonst wäre er dort nicht Mitglied. Fast jeder geht von der Überzeugung aus, daß er, wenn auch nicht vielleicht die absolut einzig richtige, so doch wenigstens die beste Erkenntnis besitzt.

Daraus ergibt sich die Frage, ob die Vielgestaltigkeit am Ende nicht eher ein bedauerliches Handicap ist als ein Angebot und eine Aufgabe.

Das Geheimnis einer neuen, christusgemäßen Gemeinschaft liegt in der Gemeinschaft des Heiligen Geistes begründet. Natürliche Gemeinschaften leben von der Solidarität ihrer Mitglieder unter dem teilweisen Verzicht auf Individualität. Man einigt sich auf ein gemeinsames Ziel, vielleicht auch auf einen gemeinsamen Feind. Man versteht sich in bestimmten Bereichen und entwickelt daraus die Formen und Ziele des Miteinander. Die Grundlage des Zusammenseins beruht auf Sympathie.

Die Gemeinschaft des Geistes geht über diese menschlichen Voraussetzungen hinaus, wenngleich sie viele natürliche Gegebenheiten mit einschließen kann. Gemeinschaft des Geistes heißt: gemeinsame Anteilnahme und Anteilhabe an demselben Geist. Das Verbindende ist der eine Geist und nicht irgendwelche menschlichen Vorgaben. Die Gemeinschaft des Geistes verbindet eine Gruppe von Menschen, die sich von Gott geliebt wissen und die aus Selbstentfremdung den Weg in eine neue Freiheit gefunden haben. »Denn wo der Geist des Herrn ist, da ist Freiheit« (2. Korinther 3,17).

Wenn wir unsere Zusammenkünfte und die christlichen Gemeinschaften auf das Kriterium der Freiheit hin untersuchen, kommen wir vielerorts zu einem erschreckenden Ergebnis. Wieviel Unfreiheit, Angst, Heuchelei und Verkrampfung gibt es doch in Gemeinschaften, die das Evangelium als ihren Mittelpunkt betrachten und in denen jeder einzelne der Überzeugung ist, daß er dem Evangelium entsprechend lebt.

Das Leben in einer Gemeinschaft von Freien ist schwer. Welche Form müßte eine solche Gemeinschaft denn haben? Wenn Ziel und Voraussetzung Freiheit des einzelnen und unabhängige Liebe wäre, könnte dann überhaupt etwas Gemeinsames entstehen? Müßte das nicht chaotisch enden? Das entspräche dann – in der Terminologie der Politik – einer Anarchie, das heißt einer Lebensweise ohne hierarchische Strukturen, ohne sichtbare Regierung. Wäre man da nicht allzu leicht dem freien Spiel der Kräfte und den Interessen derer ausgeliefert, die sich am besten durchsetzen können?

So wie das Leben im einzelnen auf das Wunder der Schöpfung Gottes und seines Geistes angewiesen ist, so ist auch die Entstehung einer neuen Gemeinschaft von freien Menschen nicht ohne Wunder denkbar. Das Merkmal, das Jesus den Frauen und Männern seiner Gruppe als Zeichen ihrer Echtheit genannt hat, ist die Liebe. »Daran soll jedermann erkennen, daß ihr meine Jünger seid, so ihr Liebe untereinander habt« (Johannes 13,35).

Dieses Merkmal ist jedoch nicht mehr eindeutig; viele erkennen sich nur noch am gleichen Gesangbuch, am gewohnten Ritus und an der gleichen Theologie.

Bleibt die neue Gemeinschaft von Menschen, die Liebe und Freiheit leben, eine Utopie oder gibt es praktische Schritte zur Verwirklichung in dieser Richtung? Jede Gemeinschaft, die sich zusammenfindet, um verbindlicher miteinander umzugehen, wird immer wieder genötigt sein, zeitgebundene Vereinbarungen zu treffen, Formen zu entwickeln oder auch Regeln für das Zusammenleben zu finden, um überhaupt eine Basis für ihre Gemeinschaft zu haben. Wichtig ist nur, daß all diese äußeren Maßnahmen als vorläufig, als uneigentlich gesehen werden – daß diese Regelungen nicht zum Kriterium für Aufnahme und Ausschluß von Mitgliedern erklärt wird. Alle Regeln und Formen, ohne die wir uns kein menschliches Zusammenleben vorstellen können, sollten als etwas Provisorisches, eigentlich Unzureichendes betrachtet werden. Keine Form sollte für heilig erklärt oder zum Gesetz und zur Verbindlichkeit erhoben werden.

In einer Gemeinschaft der Freien sollte der einzelne ernster genommen werden als die Gesamtheit. Das ist völlig unüblich. Die menschlichen Organisationen stehen unter dem Zwang, den einzelnen der Gemeinschaft unterzuordnen und ihn notfalls für die Gesamtheit zu opfern. Es wäre immer wieder einen Versuch wert, den einzelnen in seiner inneren Entwicklung, in seiner Erkenntnis, in seiner Gewissensbindung und in seinem Maß an Freiheit so ernst zu nehmen, daß die Gemeinschaft sich auf ihn einläßt und ihn integriert. Nur durch die Freiheit des einzelnen entstehen immer wieder neue Anstöße und Freiräume für alle.

Merkmal dieser Gemeinschaft der Freien ist neben der Liebe der angstfreie Raum, den sie schafft. Von Natur aus existiert kein angstfreier Raum, keine völlig angstfreie Gemeinschaft. Überall, wo Menschen zusammenkommen, summieren sich die Ängste, die die einzelnen mitbringen. Es gibt aber Hilfen zum Angstabbau. Hier liegt eine große Aufgabe. Angst kann nicht wegbefohlen werden. Voraussetzung zum Angstabbau ist die Möglichkeit, die Angst zugeben zu dürfen und darüber sprechen zu können. Damit wird solchen, die noch größere Ängste haben, Mut gemacht, auch über ihre Ängste zu reden und sie zuzugeben. Gerade das Gespräch über die Angst war für Jesus und seine Jünger nicht ungewöhnlich; er konnte über seine eigene Angst reden und auch seine Jünger darauf ansprechen: »In der Welt habt ihr Angst; aber seid ermutigt, ich habe die Welt überwunden« (Johannes 16,33).

Zum angstfreien Raum gehört auch der Abbau von Hierarchien. Der Untergebene hat Angst vor dem Vorgesetzten, der Arme vor dem Reichen, der Schwarze vor dem Weißen, der Schwache vor dem Starken, der Kleine vor dem Großen. Für einen hierarchiefreien Raum gibt es bereits im Neuen Testament Andeutungen, die so modern sind, daß sie auch heute noch wie Utopien erscheinen. »Ihr sollt euch nicht Rabbi (Lehrer) nennen lassen; denn einer ist euer Meister, ihr aber seid alle Brüder. Nennt auch niemand auf Erden euren Vater, denn einer ist euer Vater, der Himmlische« (Matthäus 23,8 u. 9).

Hier wird sogar ein Urphänomen menschlicher Existenz angetastet. Das Kind steht unter der Autorität der Eltern, dem Ursprung jeder Hierarchie. Der Meister ist tüchtiger als der Lehrling, der Vorgesetzte wichtiger als sein Mitarbeiter, usw. In der Phantasie sind wir heute schon in der Lage, uns solche neuen, in Freiheit gelebten Gemeinschaften vorzustellen. Voraussetzung für eine solche Lebensqualität ist aber die Erfahrung mit dem Geist der Liebe und der Freiheit, in der der Respekt für den einzelnen mit seinen Begabungen und seiner Originalität gewahrt bleibt.

Zielsetzung für das Zusammenleben der Menschen und der Völker untereinander wäre der angstfreie Raum.

Die Überwindung des Sündenbock-Syndroms

Schon immer haben Menschen, die miteinander auskommen mußten, versucht, ihre Angst voreinander zu überwinden. Eine beliebte und bewährte Methode ist dabei die Suche nach einem Sündenbock. Unsere Psyche ist so organisiert, daß sie Angst und bedrohliche Gefühle nach außen verlagern kann. Wenn in einer Gruppe zuviel Angst voreinander herrscht, läßt sich diese Angst gut kaschieren, indem man ein Feindbild aufbaut. Der Feind trägt dann die Projektion aller Ängste. Er ist dann der Buhmann, die Bedrohung für die Gemeinschaft. Wenn die Bedrohung als von außen kommend erlebt wird, kann sich die Gruppe nach innen besser organisieren und zusammenschließen.

Eine Gesellschaft, die nicht in der Lage ist, sich selber mit ihren Licht- und Schattenseiten richtig zu sehen, braucht für ihr psychosoziales Gleichgewicht immer Personengruppen, auf die sie ihre negativen Anteile übertragen kann.

Zur Wir-Bildung einer Gemeinschaft ist als Gegenüber das »Ihr« nötig. »Wir« – das sind die Guten, die Richtigen, die Rechtgläubigen. »Ihr« – das sind die auf dem Irrweg, die Gefährdeten oder die Gefährlichen. Auch in der großen Politik herrscht dieses Phänomen vor. Oft ist das Gleichgewicht der Macht auf der Instandhaltung dieses Sündenbock-Syndroms aufgebaut: Der andere draußen trägt deutlich alle Zeichen der bösen Absicht. Tatsächlich ist er aber nur der Träger von eigenen, unerkannten und unbewußten Motiven, die sich in der Projektion auf den anderen verraten.

In der Politik, sicher aber nicht nur dort, wird der Sündenbock systematisch aufgebaut. Was ich bei mir persönlich noch nicht sehen kann, noch nicht für möglich halte, entdecke ich bereits beim anderen. Unsere gesellschaftlichen Systeme sind durchweg nach diesem Muster gebaut. Jede Diktatur braucht ihren Feind, jede Demokratie braucht ihre Opposition.

Eine Gemeinschaft, die ohne Feindbild auskommen will, kann dies nicht ohne ein hohes Maß an Selbsteinsicht. Sie muß bereit sein, die eigenen Schattenseiten zu kennen und anzunehmen. Ob nicht unsere menschliche Vorstellung von der Ewigkeit mit den Gegensatzpolen »Hölle und Himmel« – hier die »Guten«, dort die »Bösen« – eine ins Unendliche projizierte Sündenbock-Problematik ist?

Die Lösung der Angstfrage durch Projektion nach außen, ist, wenn überhaupt, sicher nur eine vorübergehende Lösung. Sie entspricht nicht der neuen Gemeinschaft des Geistes. Johannes formuliert das sehr treffend in seinem ersten Brief, in dem er die Rücknahme von Projektionen anspricht: »Wenn wir sagen, daß wir keine Sünde haben, führen wir uns selbst irre, und die Wahrheit ist nicht in uns. Wenn wir aber unsere Sünden bekennen, so ist er treu und gerecht, daß er uns die Sünden vergibt und uns von aller Untugend reinigt« (1. Johannes 1,8 u. 9).

Hier wird von der Gemeinschaft im Licht gesprochen, die nur dort zustande kommt, wo auch der Schatten erkannt, akzeptiert und bearbeitet wird.

Die Annahme des Schattens, der Fehler, der »Sünden« ist nicht nur ein Problem, sondern gleichzeitig auch eine Chance zur Entfaltung der Liebesfähigkeit: der Liebe zu sich selbst und zu anderen. Wo die dunklen Seiten der Person verdrängt werden, wird auch das Wachstum der Liebe verhindert. Um an dieser Aufgabe zu arbeiten, sind einige Grundeinstellungen hilfreich.

Zunächst ist die Grundeinstellung des Nichtrichtens zu nennen, weil das Richten die Eigenproblematik nach außen verlagert, den Eigenmaßstab absolut setzt und den anderen, der gerichtet wird, in seiner Art und Entwicklung nicht ernst nimmt. Zwischenmenschliches Richten, der sogenannte Richtgeist, nimmt Gottes Geist nicht ernst, der in jedem einzelnen sein Werk hat und ihm zum Leben und zur Entfaltung verhelfen will.

Eine weitere Grundeinstellung ist die Barmherzigkeit. Sie ist der Triumph des Herzens über den Verstand, die Überwindung des Rechtsanspruches durch die Liebe. Beide Qualitäten, das Nichtrichten und die Barmherzigkeit, sind nur dem gegeben, der an sich selbst erlebt hat, daß auch er nicht ohne Fehler ist und Barmherzigkeit nötig hat. Wer das akzeptiert, nimmt die angebotene Freiheit in Anspruch, zu sein, wie er ist, sich weiterzuentwickeln und über seine Schwächen hinauszuwachsen.

Wer sich selbst freispricht, kann auch seine Umwelt freisprechen und einen angstfreien Raum um sich schaffen, in dem sich jeder wohlfühlt und das Leben besser gedeiht.

Betroffensein und Offensein

Zwei weitere Merkmale der neuen Gemeinschaft sind Betroffensein und Offensein. In der neuen Gemeinschaft gibt es keine Guten und Bösen, keine Könner und Nichtkönner, sondern nur Betroffene. Gott hat die Menschheitsprobleme auch nicht vom Grünen Tisch her, vom Himmel herab, gelöst, sondern sich selbst zum äußerst Betroffenen gemacht. Er hat sich durch seinen Sohn in einen Lern- und Leidensprozeß begeben, um damit für uns zum Menschengott zu werden.

Auch die Bibel ist nicht als fertige Gebrauchsanweisung bei der Geburt Jesu mitgeliefert worden. Das Buch hat auch eine Leidens- und Entwicklungsgeschichte durchmachen müssen und ist so zum Menschen-Wort, daß heißt zum Wort für den Menschen geworden. Es setzt keine Ideale fest, sondern es zeigt Wege. Jesus war kein Alleswisser und Alleskönner, der das Menschenleben ohne Schwierigkeiten meisterte.

Er war ein Betroffener – betroffen von der Not, vom Leid, von Armut und von Angst. Nur als ein Betroffener konnte er andere auf seinen Weg rufen. Wer hätte ihm sonst vertraut? Die Jünger sind keinem Lebenskünstler gefolgt, von dem sie hätten Tricks lernen können, wie man besser durchs Leben kommt. Sie spürten, daß er sich selbst immer mit einbezog, wenn er vom Leben und seinen Herausforderungen sprach. Das unterschied ihn von den Lehrern seiner Zeit. Diese legten den Menschen Vorschriften und Lasten auf, ohne selbst einen Finger krumm zu machen (Matthäus 23,4). Er aber gehörte zu denen, die sich in den Belastungen des Lebens abmühten, und er stellte sich unter die Last als einer, der mitträgt.

Die neue Gemeinschaft ist also keine Gesellschaft von Könnern und Gewinnern, sondern eine Schar von Menschen, die sich von den notvollen Seiten des Lebens ebenso betreffen läßt wie von der Herausforderung zu einem neuen Sein. Menschen im Geist Gottes setzen sich nicht vorwiegend aus Lebenskünstlern zusammen, sondern aus Lernenden, Übenden, aus solchen, die auch Fehler machen und darum für alle Menschen ein besonderes Verständnis aufbringen. Sie wirken auf andere anziehend. Sie sind nicht weltfremd, nicht ständig empört oder überrascht über die böse Welt. Sie kennen sich selbst gut genug, ihnen ist nichts Menschliches fremd. Ihr Betroffensein macht sie vorsichtig im Urteil, verständnisvoll im Umgang mit Versagern, liebevoll mit Mutlosen und voller Mitleid mit Enttäuschten. Sie wissen, daß sie alle Schattenseiten, die sie bei anderen sehen, nur deshalb wahrnehmen können, weil sie dieselben Eigenschaften auch in sich tragen.

Offenheit

Offenheit ist kein Ideal, das um jeden Preis durchgesetzt werden kann. Es gibt einen Zwang zur Offenheit, der mehr schadet als nützt, mehr abschreckend als anziehend wirkt. Gruppen, in denen ein Zwang zur Offenheit besteht, sind selten heilsam.

Auch am Umgang mit Offenheit können wir von Jesus lernen. Er sagte nicht allen alles. Er vertraute sich nicht vorbehaltlos an – auch nicht seinen Jüngern. Es gab vieles, was er ihnen noch nicht sagen konnte, weil sie noch nicht reif dafür waren (Johannes 16,12). Jesus trug sein Geheimnis mit sich. Er publizierte weder, daß er der Sohn Gottes sei, noch gab er alles preis, was er über die Menschen dachte. Und doch hatte jeder bei ihm das Gefühl, sich anvertrauen zu können, denn seine Offenheit war heilsam, nicht bloßstellend oder verletzend. Er konnte durchaus sehr deutlich werden; aber immer nur als Anstoß zur Hilfe und Heilung.

Offensein ist das Gegenteil von Versteckspielen. Ein Leben ohne Offenheit ist da, wo ich das, was in mir lebt, nicht äußern darf – da, wo ich Nöte und Schwächen, aber auch meine Freuden geheimhalten muß, weil ich sie dem anderen nicht zumuten kann.

Offenheit ist ein Gradmesser für das Vertrauen, das ich in eine Gemeinschaft setze, für ihre Tragfähigkeit, für ihre Fähigkeit, sich mit mir zu solidarisieren, mich zu verstehen und mich anzunehmen.

Sich-Öffnen oder Sich-Verschließen entscheidet über Wachstum oder Regression. Der aus Angst, Traurigkeit, Hemmungen und Minderwertigkeitsgefühlen in sich selbst verkrümmte Mensch verschließt sich den heilsamen Kräften, die ihm in der Begegnung mit Gott und Menschen zufließen. Was wäre also wichtiger in unseren Gemeinschaften als eine Atmosphäre, in der Liebe und Offenheit gelingen? Offenheit im geschützten Raum derer, die gelernt haben, sich ungeschützt zu öffnen. Die Gemeinschaft des Geistes trägt das untrügliche Merkmal von Liebe und Offenheit.

Abenteuer des Denkens

Eine kritische Frage, die nicht nur viele Christen bewegt, lautet: Geht es mit unerer Welt in absehbarer Zeit zu Ende oder stehen wir vor einem neuen Anfang? Sind wir vielleicht nur noch Konkursverwalter auf einer total abgewirtschafteten Erde? Dann sollten wir uns schnellstens eine Arche bauen, um bei der unausweichlichen Katastrophe möglichst heil davonzukommen! Vielleicht kündigen die Krisen aber auch eine Zeitenwende an, die zu einer neuen Weltordnung führt und neue Überlebenschancen eröffnet?

Die Frage ist, ob wir – biblisch ausgedrückt – am Spätabend des letzten Schöpfungstages stehen oder ob schon die Morgendämmerung eines achten Schöpfungstages begonnen hat. Das würde dann bedeuten, daß der Mensch, so wie wir ihn kennen, nicht das Endprodukt der Evolution ist, sondern die Übergangsgestalt für eine neue Menschheit, die jetzt geboren werden soll und deren Geburtswehen wir spüren.

Stehen wir an einem Neuanfang oder sind wir am Ende? Die Zukunft wird uns die Antwort auf die Fragen geben, ob wir in einem sinkenden Schiff sitzen oder ob wir noch eine lange Fahrt vor uns haben. Wenn es weitergehen soll, müßen wir allerdings alle Kräfte sammeln, den Kampf gegeneinander beenden und miteiander neue Strategien des Lebens erforschen und praktizieren. Viele sind aber schon in die Rettungsboote gestiegen. Sie bieten lautstark freie Plätze an: »Kommt zu uns – und ihr werdet gerettet!« Es scheint fast so, daß sie enttäuscht sind, wenn das Ende doch noch nicht gekommen ist. Sie können sich eine neue Erde nicht vorstellen, ohne daß zunächst die alte zugrunde geht. Sie verlagern alle Hoffnung in ein besseres Jenseits.

In der Weltpolitik wird engagiert, wenn auch oft noch gegeneinander, um das Weiterbestehen der Erde und damit der Menschheit gerungen. Hier hat man noch nicht aufgegeben. Hier glaubt man mit Taten, daß Gott seinen Geist nocht nicht aus dieser Welt zurückgerufen hat, daß das Finale noch nicht angesagt ist.

Ich will die Faktoren, die zu Ungunsten einer positiven Betrachtungsweise sprechen, zwar nicht ignorieren, ich möchte sie aber auch nicht überbewerten. Die folgende Sichtweise wird vielleicht etwas abenteuerlich anmuten, sie ist aber ebenso berechtigt wie eine nur negative Perspektive. Objektivität, davon gehe ich aus, ist im absoluten Sinne nicht möglich.

Jeder Mensch erlebt, wie jedes Lebewesen, eine Entwicklung. Unser sichtbares Wesen, das mit der Geburt beginnt, durchläuft die Entwicklungsphasen der Kindheit, Pubertät und Reifezeit bis zum Alter. Auf die Menschheit übertragen könnten wir uns vorstellen, daß auch sie als Ganzes ein lebendiges Wesen, ein lebender Organismus ist, der ebenso seine Entwicklungsprozesse durchläuft. Das wäre auch für die Gesamtheit des Lebens auf der Erde denkbar.

Im Vergleich mit einem einzelnen Menschen befinden wir uns als Menschheit heute vielleicht in einer Altersstufe, die etwa kurz nach der Pubertät anzusiedeln wäre. Wenn wir uns nicht durch einen globalen Selbstmord umbringen – diese Gefahr besteht ja durchaus –, hätten wir noch eine lange Entwicklungszeit vor uns. Es würde jetzt praktisch die Reifezeit der Menschheit beginnen, die Fähigkeit, Verantwortung zu übernehmen und ein Haus zu bauen.

Der Versuch, unsere Epoche mit der Stufe der Pubertät zu vergleichen, läßt sich vielleicht aus der Beobachtung ableiten, daß wir uns geistig und politisch in großen Umbrüchen befinden, die auf reifere Lösungen warten. Die Notwendigkeit, jetzt nicht mehr nur regionale, sondern weltweite Problemlösungen finden zu müssen, wird allgemein gesehen.

Wir stehen außerdem, einem jungen Menschen in der Pubertät vergleichbar, in einer Rebellion gegen althergebrachte Macht- und Führungsstrukturen. Die Bereitschaft, mehr Verantwortung zu übernehmen, wächst, wenn auch teilweise sehr turbulent. Neue Möglichkeiten des Zusammenlebens werden engagiert angestrebt. Die herkömmlichen kollektiven Lebensformen haben sich als untauglich erwiesen. Nur im Bereich politischer Ideologien und der Religionen wird noch mit Macht versucht, an alten Führungs- und Lebensformen festzuhalten. Dazu gehören u. a. auch Apartheid, Rassismus, Sexismus und Konfessionalismus.

Die beiden Weltkriege haben uns wachgerüttelt. Seitdem ist weltweit ein neues Bewußtsein aufgebrochen für globale Zusammenhänge und ein Verantwortungsgefühl für das Überleben der Menschheit und der ganzen Natur. Übernationale Einrichtungen und Organisationen sind entstanden. Wir erkennen überall Ansätze eines Weltgewissens.

Nach dem Ersten Weltkrieg entstand der Völkerbund, nach dem Zweiten Weltkrieg die UNO mit ihren Unterorganisationen. Aber nicht nur auf der politischen Ebene ist ein neues Bewußtsein für die Notwendigkeit weltweiten Denkens erwacht. Auch die ökologischen Gruppierungen sind Sprachrohr dieses neuen Gewissens. Übernationale Verbände von Wissenschaftlern veröffentlichen ihre Warnungen und entwerfen Zukunftsszenarien. Hierher gehören auch die bescheidenen Versuche im religiösen Raum, durch ein ökumenisches Denken und den Dialog zwischen den Weltreligionen Mitverantwortung zu übernehmen.

Sehr durchschlagend sind die Erfolge dieser Einrichtungen zwar nocht nicht; sie haben allerdings auch nicht immer eine gute Presse (wie alles Gute in dieser Welt keine gute Presse hat).

Wir wissen jedoch, daß nicht nur das Sensationelle und laut Propagierte eine Wirkung hat, sondern auch »die stillwachsende Saat«. Das menschliche Gewissen meldet sich meist leise und ist doch eine motivierende Kraft, die den Kurs eines Lebens verändern kann.

Wenn wir uns einmal von der üblichen negativen Weltbetrachtung lösen, sind noch weitere positive Phänomene zu beobachten. Trotz aller sichtbaren Gewalt, die uns tief erschreckt, gibt es auch Zeichen einer neuen Gesinnung der Gewaltlosigkeit. Sie trat mit Mahatma Gandhi ins Weltbewußtsein und wuchs mit Martin Luther King und vielen anderen Friedenskämpfern weiter bis zu den Aktionsgruppen der Friedensbewegung. Viele weitere Bewegungen sehen ihre Aufgabe darin, zu retten und zu bewahren. Es ist ein Aufbruch, der die Macht der Ohnmächtigen und die Gewalt der Gewaltlosen offenbart.

Neue Energiequellen

Unsere Erde mit ihren Naturschätzen droht ausgeplündert zu werden. In den letzten Jahrzehnten wirtschaftete man blindlings darauf los, und es ist noch kein Ende dieser Einstellung abzusehen, wenn auch die

Proteste immer lauter werden. Ein weltweites Gewissen ist auch hier im Wachsen. Die klügsten Köpfe sind damit beschäftigt, alternative Energien, die sich nicht aufbrauchen und deren Gebrauch keinen Schaden stiftet, zu entdecken und nutzbar zu machen.

Aber nicht nur in unserer Umwelt liegen unentdeckte Kräfte, sondern auch im Menschen selbst sind noch viele ungenutzte Fähigkeiten und Räume zu erschließen. Wir wissen zum Beispiel, daß wir die Fähigkeiten unseres Gehirns bis jetzt nur zu einem kleinen Teil entwickelt haben und einsetzen. Wir sind mit unseren geistigen Fähigkeiten noch lange nicht am Ende. Auch die Energien der Psyche sind noch nicht voll entdeckt und entwickelt. Viele Ressourcen des Unbewußten liegen noch brach und warten auf ihre Entdeckung und Erforschung. Die Kräfte der Emotionen sind noch nicht voll zugänglich, aber man hat angefangen, über die Erziehung der Gefühle nachzudenken, um ihre Kraft zum Guten zu nutzen. Seit Menschengedenken wurde für die Nutzung und Schulung der Verstandeskräfte und für die Fähigkeiten des Körpers viel getan. Jetzt ist es an der Zeit, die Begabungen der Seele mit ihrem Potential stärker zu entfalten und zum Positiven einzusetzen. Unbeherrschte und ungesteuerte Gefühle sind ebenso eine Bedrohung für das Zusammenleben und Überleben der Menschen wie die vergiftete Umwelt und die Strahlenbelastung durch die immer dünner werdende Ozonschicht. Erschüttert hören wir von den Greueltaten in Kriegs- und Bürgerkriegsgebieten sowie von Gewaltverbrechen in allen Gesellschaftsschichten. Wir brauchen dringend Schulen, in denen wir lernen, mit dem Potential unserer Gefühle umzugehen.

Vielleicht gelingt es uns in Zukunft auch besser, die Ursachen der Angst aufzudecken und dadurch die zerstörerischen Gefühle zu beherrschen und konstruktiv mit ihnen umzugehen. Unerforscht sind auch noch weitgehend unsere Energien, die in der Liebesfähigkeit schlummern. Die Kunst der Liebe ist wie andere Künste zu erlernen.

Zu den Neuentdeckungen der letzten Jahrzehnte gehört auch die Erforschung der Gruppendynamik mit ihren Kräften und Gefahren. Ihre Gesetzmäßigkeiten für das Zusammenleben in der Gesellschaft nutzbar zu machen und dadurch Gruppenprozesse transparent werden zu lassen, ist eine wichtige Herausforderung. Wir brauchen eine bessere Kommunikation in den Familien, in Schulklassen, in Firmen, in Vereinen und Gemeinschaften und auch Einsichten in den Ablauf der Prozesse zwischen verschiedenen Volksgruppen und Völkergemeinschaften.

Wie lernen wir, psychische Verletzungen zu heilen und die Vergangenheit zu bewältigen? Wie kann Haß in Freundschaft verwandelt werden? Die besten Erkenntnisse nützen nichts, wenn wir sie nicht anwenden.

Wir können damit rechnen, daß der Geist Gottes interessiert ist (Interesse = Dazwischensein), überall das Gute zu fördern und dem Wahrhaftigen Gelingen zu schenken.

Voraussetzung für ein Zusammenwirken mit dem Geist der Liebe sind geöffnete Augen, die fähig sind, die schon vorhandenen Ansätze zum Guten als Wirkungen des Geistes zu erkennen, vor allem in Bereichen, in denen wir sie nicht erwartet haben. Der Geist Gottes ist nicht nur für Christen da und wirkt nicht nur dort, wo wir die richtige Dogmatik oder ein perfektes Glaubensbekenntnis haben.

Die neue Einheit

Der Geist bewirkt Liebe, und Liebe schafft Gemeinschaft. Typisch für die Gemeinschaft des Geistes ist Einheit. Einheit im Sinne des Geistes ist keine Uniformität, sondern Einheit in Vielfalt. Echte Liebe vereinfacht nicht. Sie nimmt das Besondere auf, schätzt das Ungewohnte und beachtet das, was ihr noch fremd ist. Sie strebt die Ergänzung an und versucht darum, alles zu integrieren.

Die Gleichnisse des Neuen Testaments zeigen anschaulich diese Tendenz der Liebe. Das Verlorene und Verirrte wird gesucht, Außenseiter werden eingeladen, Kranke (Blinde und Lahme) herbeigebracht und die Ausgestoßenen willkommen geheißen. Alle gehören zur Einheit, keiner wird verachtet, weil er ein Sonderling ist.

Trennung, Streit und Abkapselung sind keine Wirkungen des Geistes, sondern ein Zeichen seiner Abwesenheit. Hier werden Energien fehlgeleitet, weil sie noch nicht integriert sind. Auch die Gesinnung des Richtens und Verurteilens, der Ausgrenzung und Abwertung ist nicht von dem Geist, der Einheit schafft. Einheit herstellen ist keine speziell religiöse Aufgabe, sondern eine Lebensnotwendigkeit für den weiteren Bestand der Welt. In früheren Jahrhunderten war die Erde noch groß genug. Man konnte sich aus dem Weg gehen und Neuland gewinnen. Heute müssen wir lernen, miteinander auf engem Raum zusammenzuleben. Ohne die Gesinnung der Einheit ist das nicht möglich.

Wie wichtig wäre das Vorbild derer, die meinen, den Geist Gottes zu kennen. Ihre Einheit in bunter Vielheit wäre ein Zeichen der Hoffnung für die Welt. Jesus betet um diese Einheit seiner Jünger als Erkennungszeichen ihrer Sendung von Gott (Johannes 17).

Frei vom Gesetz oder Gesetzlosigkeit

Gesetz und Evangelium werden in ihrer Beziehung zueinander theologisch sehr unterschiedlich gesehen. Diese Auseinandersetzung ist allerdings nur auf dem Hintergrund der jüdischen Gesetzesreligion zu verstehen. Ist das Neue Testament etwas »ganz anderes« als das Alte Testament? Ist es die Fortsetzung oder sogar nur eine Ergänzung? Der Unterschied in der Betrachtungsweise ist elementar.

Jesus sagt zu seinen jüdischen Glaubensgenossen, daß die Liebe des Gesetzes Erfüllung ist. Paulus kämpft energisch gegen die gesetzestreuen christlichen Juden, die in die neuen Gemeinden das alte Gesetz wieder einführen wollen.

Gibt es eine Verbindung zwischen gesetzlich und evangeliumsgemäß? Gesetzesfrömmigkeit entspricht, bildhaft gesprochen, einem Weg zwischen zwei Zäunen. Ein Zaun heißt: »Du sollst!«, und der andere: »Du sollst nicht!« Der Fromme ist bemüht, auf dem Weg zu bleiben und die Zäune nicht zu verletzen oder zu überklettern. Der Weg ist vorgezeichnet und kann nicht verfehlt werden, wenn man den Zaun beachtet. Die Zäune zu beiden Seiten sind nicht nur eine Eingrenzung des Weges, sie geben auch Sicherheit und Orientierung. Der Fromme weiß, wohin sein Weg führt und ob er noch auf dem richtigen Weg ist. Wenn er den richtigen Weg recht geht, ist er ein Gerechter.

Das Evangelium beschreibt eine andere Dimension. Es geht auch bei Jesus um einen Weg, den Weg des Lebens. Sein Ziel ist nicht Gerechtigkeit, sondern Liebe und Leben. Liebe und Leben aber haben keine Zäune. Sie sind unbegrenzt und ewig. Die Aufmerksamkeit richtet sich nicht auf die Befolgung von Vorschriften. Das Gesetz wird nicht gehalten, sondern erfüllt. Im Bild des Weges gesprochen, wird der Zaun des Gesetzes, der den Weg begrenzt, nicht abgerissen, aber der Weg wird so erhöht, daß er höher ist als der Zaun. Es handelt sich um einen Höhenweg, wo der Blick durch keine Zäune mehr verstellt ist. Die Freiheit des Lebens und der Liebe ist unbegrenzt. Freiheit, Leben und Liebe erhalten ihre Orientierung und Reichweite von innen, aus dem Herzen. Das Herz ist der Ort, wo der Geist wohnt. »Die Liebe Gottes ist ausgegossen in unsere Herzen durch den Geist!« (Römer 5,5).

Innerhalb der »Zaunreligion« bin ich geschützt, auf dem »Höhenweg« bin ich immer gefährdet. Das Gesetz bewacht die Grenze, bei Freiheit und Liebe geht es nicht um Begrenzung, sondern um ihre Reichweite. Sie wird durch die Größe und Weite der Herzen bestimmt. Das Gegenteil von Gesetz ist nicht die Gesetzlosigkeit, sondern die Freiheit. Freiheit ohne Geist aber ist Chaos und Willkür. Das Erkennungszeichen des Geistes ist Liebe. Wo die Liebe fehlt, wird das Gesetz lebensnotwendig. Je größer die Masse, die geführt werden will, desto nötiger werden die Gesetze und ihre Einhaltung und Überwachung und damit auch die Macht der Bewacher. Autoritäten und Ämter, Systeme und Institutionen gewinnen an Einfluß. Das gilt sowohl für politische als auch für religiöse Systeme. Diese Einrichtungen können zwar Leben schützen, aber sie können kein Leben schaffen.

Die Tragik der Systeme und Institutionen, von Gesetz und Ordnung liegt darin, daß sie meist auf Kosten der Individualität und Originalität existieren. Nur die Liebe kann die Vielfalt der Originale ertragen. Nur sie ist ein Band, das verbindet, ohne zu fesseln.

Unsere Phantasie reicht noch nicht aus, uns ein Leben auf dieser Erde vorzustellen, das ohne Gesetze und Macht auskommt. Die Erfahrungen einer zweitausendjährigen Geschichte christlicher Weltgestaltung sind auch nicht gerade wegweisend und ermutigend. Jesus hat keine neue Weltordnung propagiert, sondern so gelebt, daß seine Nachfolger fähig wurden, ihn nachzuahmen. Ihr Lebens- und Gemeinschaftsmodell sollte auch heute zur Nachahmung reizen und Glauben und Phantasie wecken, sich die neue Welt vorzustellen und an deren Zukunft mitzuarbeiten.

Wandlungen durch Spiegelung

Der Begriff »Spiegelungen« stammt aus einem speziellen Bereich der analytischen Psychologie. Er bezeichnet unter anderem einen inneren Wandlungsvorgang, der durch die Einwirkung neuer, ungewohnter Bilder entsteht, denen sich der sich Spiegelnde aussetzt.

Dieser Vorgang ist von dem schon bekannten Vorgang der Projektion zu unterscheiden. Bei der Projektion werden in uns vorhandene Bilder und Vorstellungen nach außen geworfen. Sie verändern nicht unser Inneres, sondern beeinflussen nur unsere Wahrnehmungen der äußeren Wirklichkeit. Ich sehe dabei meine Umwelt entsprechend der inneren Erwartung, die ich auf sie richte. Der Abbau der Projektionen, das heißt ihre Rücknahme, ist eine unerläßliche Voraussetzung, um wandlungsfähig zu werden, denn in der Projektion bestätige ich immer wieder, was ich schon seit jeher gedacht und erlebt habe. Ich lebe in einer Scheinwelt, die mich deshalb auch immer wieder enttäuscht.

In der Spiegelung verändere ich mich entsprechend der Wirklichkeit, wie ich sie sehen lerne, wenn ich meine Projektionen von ihr zurückgenommen habe.

Bekannt ist das Wort Jesu von den sehenden Augen, die nicht sehen, und den hörenden Ohren, die nicht hören (Matthäus 13,14 u. 15).

Um aber die Projektionen zurücknehmen zu können, muß ich sie erst einmal als solche erkennen. Voraussetzung für alle Wandlungen ist deshalb zunächst eine tiefe Verunsicherung – der Selbstzweifel, ob die Welt und ihre Wirklichkeit tatsächlich so sind, wie ich sie immer gesehen habe. Jeder wird sich zuerst gegen eine solche Verunsicherung wehren, denn sie macht angst. Welche Bilder leben in mir – von mir selbst, von meinen Mitmenschen und von Gott?

Es ist nun durchaus nicht so, daß alle Bilder, die in mir leben, falsch sind. Viele Vorstellungen sind einfach nur überholt, gehören zu einem vergangenen Lebensabschnitt. Die Bilder der Kindheit sind nötig und gut gewesen (sicher nicht alle). Wenn ich aber erwachsen werde, brauche ich neue Bilder.

Gerade in bezug auf die Gotteserfahrung ist ein solcher Wandlungsprozeß immer neu nötig. Der Geist Gottes will uns neue Erfahrungsbereiche erschließen. Das erfordert Aufbruch und Flexibilität. Wer bleibt, wie er ist, wer denkt, wie er immer dachte, und glaubt, wie er immer geglaubt hat, ist nicht darum besonders treu und zuverlässig. Nur wer sich wandelt, bleibt sich treu und entspricht sich selbst in einem ganzen, sich immer neu entfaltenden Leben.

Welche Vorstellungen von Gott gehören nun zu einer neuen Erfahrung, einem weiteren Wachstumsbereich? Was kann ich anschauen und auf mich wirken lassen? Niemand dürfte sich anmaßen, hier Kriterien aufzustellen oder einen Katalog von neuen Bildern vorzulegen. Wir schauen im geistlichen Bereich nicht auf Vorlagen oder Richtlinien, sondern unmittelbar – »mit aufgedecktem Angesicht« – in das Angesicht Gottes, in sein Wesen. Der Führer auf diesem Weg ist der Geist Gottes. Unsere Mitarbeit besteht allein darin, ihn führen zu lassen, das heißt Gewohntes und Bewährtes loszulassen und Neuland zu betreten.

Eine Zielrichtung aber ist uns angedeutet und hilft uns, nicht völlig orientierungslos zu bleiben: Wir schauen, wenn wir ins Angesicht Gottes sehen, in seine Herrlichkeit – in Lichtglanz, Erhellung und Befreiung. Der Weg führt aus der Enge in die Weite, aus der Dunkelheit, auch der Dunkelheit unserer inneren Vorstellungen, ins Licht. Wer immer nur »schwarz« sieht, wer nur ständig Schatten und Fehler entdeckt, hat die Herrlichkeit noch nicht gesehen.

Der Vorgang der Spiegelung ist: die hellen Bilder in sich zur Wirkung kommen zu lassen, sich ihnen auszusetzen, sie aufzunehmen und zu introjizieren, statt sie zu projizieren.

»In deinem Lichte sehen wir das Licht« (Psalm 36,10). Auch in uns bewirkt das Licht, in das wir sehen, eine neue Einsicht in unsere inneren Dunkelheiten. Die versteckten, persönlichen, notvollen und sündhaften Räume werden in diesem Licht neu gedeutet. Negatives bleibt nicht negativ, sondern entwickelt einen geheimen Segen.

»Der Herr ist der Geist; wo aber der Geist des Herrn ist, da ist Freiheit. Wir alle aber spiegeln mit aufgedecktem Angesicht die Herrlichkeit des Herrn wider und werden dadurch in dasselbe Bild verwandelt von Herrlichkeit zu Herrlichkeit wie von dem Herrn aus, welcher der Geist ist« (2. Korinther 3,17 u. 18).

Die Decke des Mose

Paulus stellt einen Zusammenhang zwischen dem Erleben des Mose am Gesetzesberg Horeb und dem eben zitierten Bibelvers her.

Mose schützt sein Gesicht, das jedesmal, wenn er mit Gott geredet hat, einen starken Glanz ausstrahlt, mit einer Decke. Er hat nach tiefen Erschütterungen über sich selbst, über sein Verhalten und über das seines Volkes eine neue Gotteserfahrung gemacht. Anstelle der von ihm selbst zertrümmerten Gesetzestafeln gibt ihm Gott neue, und er erlebt dabei einen anderen Gott. Gott zeigt sich ihm als der Barmherzige und Gnädige.

Das Volk, dem Mose diese Offenbarung weitergeben will, ist nicht in der Lage, ihn und seine Botschaft anzunehmen. Sie können mit dem Strahlenglanz auf dem Gesicht ihres Führers nichts anfangen. Er erschreckt sie höchstens. Sie bleiben im Dunkel ihrer alten Gottesvorstellungen.

Die Decke vor dem Angesicht Mose ist ein Zeichen ihrer Uneinsichtigkeit. Mose spiegelt die Herrlichkeit Gottes wider, für das Volk aber bleibt sie verhangen. Sie erleben die Herrlichkeit nur verhüllt. Sie hören nur den Buchstaben des Gesetzes, erkennen aber nicht das darin verborgene Leben.

Das ist der Tatbestand, den Paulus im 3. Kapitel des Korintherbriefes anspricht und den er als dunklen Hintergrund darstellt, vor dem die neue Erfahrung mit dem Licht in Christus besonders klar hervorleuchtet. Nur die Hinkehr zu dem Herrn, der Geist ist, kann eine Befreiung bewirken. Nur hier gibt es eine neue Einsicht in das Wesen Gottes.

So wie Mose, zwar noch unvollkommen, Gott schaute und ihn widerspiegelte, können alle, die mit Christus in Verbindung sind, einen Verwandlungsprozeß erleben. Wir spiegeln nicht den Gott des Alten Bundes wider, so wie ihn das Volk Israel erlebte, sondern den Christus-Gott des Neuen Bundes.

Das weltwendende Erlebnis ist die Ausgießung des Geistes. Damit hat die neue Gottesoffenbarung begonnen. Sie macht den Christus in Jesus erst richtig erkennbar und verstehbar. Durch den Geist ist er für uns sichtbar. Wir können ihn ja nicht persönlich als Mensch erleben wie seine Jünger damals. Aber er offenbart sich uns in seiner neuen Seinsweise als Geist.

Mit dem Empfang des Geistes beginnt eine neue Gottesbeziehung. Der neue Gottesdienst heißt nicht mehr »Gehorsam gegenüber dem Buchstaben des Gesetzes«, sondern »Widerspiegelung Gottes und seiner Herrlichkeit«.

Spiegelung ist Anschauung Gottes und dadurch Wirkung Gottes an dem, der ihn anschaut.

Der Begriff Herrlichkeit ist in unserer Umgangssprache und Vorstellung sehr ungebräuchlich und vielleicht nicht faßbar genug. Es handelt sich um den Begriff »Doxa« (übersetzbar mit Lichtglanz, Strahlung, Hoheit, Würde), der eine zusammenfassende Beschreibung der Wirkungsart Gottes ist. Spiegelung, das heißt Anschauen und Einwirkenlassen dieser Wirklichkeit, bewirkt eine Verwandlung in die Art Gottes. Was wir anschauen, beeinflußt uns.

Das »offene Angesicht«, von dem Paulus spricht, gibt uns noch einen anderen Hinweis. Gott kann durch die Brille des Gesetzes und religiöser Vorschriften gesehen werden – Erleben und Wirkung werden dementsprechend sein. Gott kann auch in seiner Schöpfung, die für viele widersprüchliche Deutungen zuläßt, gesehen werden. Und Gott kann über alles hinaus »von Angesicht zu Angesicht« erlebt werden in einer Unmittelbarkeit, die nur durch die Vermittlung des Geistes möglich ist.

Das »offene Angesicht« strahlt Freiheit und Würde aus, die Gott seinen Kindern verleiht. Der Gedanke, daß die Herrlichkeit Gottes auf seinen Söhnen und Töchtern ruht, ist von Jesus und den Aposteln mehrfach angesprochen worden.

Hier erhält die Wandlung als ein Weg zur Vollkommenheit, als Entfaltung zur Ganzheit eine neue Dimension. Menschsein und Sohn-Gottes-Sein verschmelzen zu einer Einheit. Das eine existiert nicht ohne das andere. Der neue Mensch, die neue Kreatur liegt nicht in einer fernen, unerreichbaren Zukunft, in einer Existenz nach dem Tod, sondern die Neuwerdung beginnt jetzt als Wandlung in das Bild Gottes.

Die Würde als Zeichen der Wandlung

Der Ausdruck »Würde« hat den gleichen Ursprung wie der im Neuen Testament verwendete Begriff »Herrlichkeit«. Herrlichkeit bezieht sich nicht nur auf Gott, sondern bezeichnet auch die Ausstrahlungskraft, die ein Mensch, eine Pflanze, ein Tier oder auch ein Stern haben kann. Die Bibel spricht zum Beispiel von der Herrlichkeit der Sonne, die sich von der des Mondes unterscheidet.

Herrlichkeit beschreibt aber nicht nur eine sichtbare Strahlkraft, sondern auch die innere Qualität eines Menschen, eines Lebens, das mit Gott verbunden ist. »Christus in euch, die Hoffnung der Herrlichkeit!« (Kolosser 1,27).

Herrlichkeit oder Würde hat in diesem Zusammenhang nichts mit amtlicher Würde und Verdienstorden zu tun. Sie ist eine Art des Seins. Die Würde, die Gott verleiht, ist nicht abhängig von menschlicher Anerkennung.

Das Wort »Doxa« (Herrlichkeit, Würde) hängt auch mit Ansehen zusammen. Gott schenkt den Menschen, die ihm vertrauen, seine Aufmerksamkeit, sein Ansehen.

Diese Vorstellung besteht schon im Alten Testament, besonders deutlich im sogenannten Aaronitischen Segen. Da heißt es: »Der Herr segnet dich und behütet dich. Der Herr läßt sein Angesicht über dir leuchten und ist dir gnädig. Der Herr erhebt sein Angesicht auf dich und gibt dir Frieden« (4. Mose 6,24–26).

Hier wird vom leuchtenden Gesicht Gottes gesprochen, das den betenden Frommen anstrahlt und ihn dadurch mit Frieden und Gnade segnet.

Ausschlaggebend ist immer die Vorstellung, die wir von Gott haben.

Stelle ich mir einen Gott vor, der mich anschaut wie ein Polizist den Verkehrssünder, dann werde ich lieber auf dieses »Ansehen« verzichten. Glaube ich dagegen, daß Gott mich ansieht wie einer, der mich liebt, dann verändere ich mich unter diesem Blick. Ich werde nicht mehr so schnell schlecht von mir denken.

Ein Angesehener Gottes zu sein verleiht ein neues Selbstbewußtsein und führt zu einem neuen Umgang mit sich selbst. Manche Gewohnheiten werde ich aufgeben. Ich werde die Verhältnisse, in denen ich lebe, überprüfen und mich entscheiden, ob sie noch meinem neuen Wertbewußtsein, meiner Würde, entsprechen.

Der Umgang mit mir selbst beeinflußt dann auch meinen Umgang mit anderen. Das Angesehensein schenkt mir einen neuen Blick für die Welt, die mich umgibt. Ich schaue meine Mitmenschen anders an. Die Würde, die mir geschenkt wurde, schenke ich nun weiter.

Ein Mensch mit einer solchen Würde ist eine Wohltat. Offizielle Würdenträger wirken auf viele eher hemmend oder beängstigend. Die Angesehenen Gottes, die selten zu den »Würdenträgern« der Gesellschaft gehören, lösen keine Hemmungen aus, sondern entbinden vielmehr die Kräfte und Fähigkeiten.

Jesus konnte Menschen durch seinen Blick verändern. Wen er ansah, der fühlte sich von ihm angenommen und mit neuem Lebensmut beschenkt. Den stärksten Ausdruck findet das in der Stunde der Verleugnung des Petrus. Dreimal beschwört er, Jesus nicht zu kennen. Da sieht ihn Jesus, der gerade verhört wird, an. Ich bin überzeugt, daß dieser Blick Petrus das Leben rettete. Judas hatte in seiner Verzweiflung über die Folgen seines Verrats keinen Blickkontakt mehr mit Jesus. Er erhängte sich.

Wir erleben heute in unserer Massengesellschaft die Entwürdigung und Abwertung des einzelnen besonders auffällig. Überall sind wir als Nummern abgestempelt. Wir werden registriert und erscheinen computerlesbar in unzähligen Verwaltungen auf Datenträgern. Wir sind Teilnehmer, Mitglieder, Arbeitskräfte, Kunden, Bewerber und vieles andere, doch nur selten einzelne, einzigartige oder wertvolle Originale. Bei Gott gibt es keine Registratur. Er kennt jeden persönlich. Bei ihm gibt es auch keine für alle verbindliche Marschrichtung und keinen Gleichschritt. Jeder hat sein unvergleichliches Leben und seine individuelle Beziehung zu ihm.

Alle bleibenden Veränderungen sind abhängig von einem tiefen und gesunden Wertgefühl. Wer sich durch Leistung und Erfolg oder durch gutes Verhalten Ansehen verschafft, wird bei Mißerfolg und in Lebenskrisen große Probleme mit seinem Selbstwert bekommen und vielleicht sogar scheitern. Alle Bewunderung und alle Ehrungen sind nur dann von bleibendem Wert, wenn eine entsprechende innere Selbstachtung vorhanden ist. Niemand anders als Gottes Geist kann dieses innerste Wertbewußtsein in einem Menschen bewirken. Aus dem Bewußtsein der von Gott verliehenen Würde wächst dann auch im Gefühlsbereich ein gesundes Wertgefühl.

Den Beweis für die Echtheit dieses Gefühls erfahren wir immer wieder dann, wenn wir durch Menschen verletzt und gekränkt werden oder keine Anerkennung mehr genießen, weil unsere Leistungen oder Erfahrungen nicht mehr gefragt sind.

Wertgefühl und Wertbewußtsein sind zwei unterschiedliche Bereiche unserer Person. Normalerweise erleben wir schon als Säuglinge das Gefühl, wertvoll und geliebt zu sein – einfach durch unser Dasein. Wie sehr wird das Neugeborene bewundert und zärtlich umsorgt. Beim Heranwachsen merken wir dann, daß die Bewunderung abnimmt und unser Können gefragt ist. Kann das Kleine schon laufen, sprechen? Kann es sich schon allein anziehen? Jetzt ist das Wertgefühl nicht mehr so selbstverständlich und unangefochten, besonders wenn geschwisterliche Konkurrenz auftaucht. Das Vergleichen mit anderen beginnt. Kritik wird laut, und die Gefühle des Wert- und Geliebtseins nehmen ab. Bis wir erwachsen sind, hat man uns schon die meisten Wertgefühle abgewöhnt. Dagegen haben wir die Leistungsschiene entdeckt und Ersatz-Wertgefühle entwickelt. Wir müssen immer mehr tun, um mit uns zufrieden zu sein. Unerbittlich rückt aber auch das Ende der Erfolgsschiene näher. Dann sind wir wieder das, was wir am Anfang waren: entweder um unserer selbst willen geliebt oder nichts mehr wert!

Um innerlich gesund zu bleiben und uns in unserer Haut wohl fühlen zu können, brauchen wir eine andere Basis für unseren Wert. Je erwachsener wir werden, desto nötiger haben wir es, von jemanden wertgeachtet zu sein, der selbst unsere höchste Achtung besitzt. Kein Mensch kann uns jedoch diese sichere Basis geben und solche Bedeutung für uns gewinnen, daß seine Wertschätzung allein ausreicht.

Am deutlichsten kommt die Kraft, die von dem Angesehensein ausgeht, in der Vergebung zum Ausdruck. Hier erfahren wir Gottes Wertschätzung am deutlichsten. Er vergibt, ohne aufzurechnen. Seine Vergebung ist nicht von dem Maß menschlicher Schuld abhängig und darum die sicherste Basis für alle Schuld- und Wertproblematik. Seine Beziehung zu uns ist frei von Berechnung und von jeglichem Vergleich. Von ihm Würde und Ansehen zu empfangen, ist Grundlage für das neue Menschsein.

Würdigen heißt auch: Leben ermöglichen. Von Albert Schweitzer, der die Würde jedes Lebewesens besonders achtete, wird erzählt, daß er sogar das Leben einer Ameise schonte, die in ein Pflanzloch gefallen war. Er nahm sie heraus, bevor er das Loch wieder zuschüttete. Wieviel mehr ist das Leben eines Menschen wert!

Es ist unbestritten notwendig, Menschen, die hungern, Brot zu geben, Kranken zu helfen und Seuchen zu bekämpfen. Wie gut, daß heute weltweit auf diesem Gebiet humanitäre Hilfe geschieht. Noch wichtiger aber scheint mir zu sein, daß es gelingt, Menschen die Würde zu geben oder wiederzugeben, die ihnen als Geschöpfe Gottes zusteht. Auf Dauer braucht der Hungernde mehr als Brot, der Kranke mehr als Arznei und der Abhängige mehr als Therapie.

Hier sind Menschen gefragt, die um ihre Würde wissen und die gelernt haben, andere mit den Augen Gottes zu sehen.

Selbstfindungen

Texte: Wilhard Becker, Fotos: Ulrich Schaffer

Jedes Lebewesen auf dieser Erde ist ein Original. Daher gibt es kein Leben, das nach Schablonen gefertigt wäre. Aber jeder Mensch muß sich selbst auch so annehmen und akzeptieren, wie er angelegt ist. Diese Reihe gibt Aufschlüsse und Hilfen, sein eigenes Ich zu erkennen und es positiver im Umgang mit anderen einzusetzen.

Bisher sind folgende Einzelhefte erschienen:

Ich darf sein, der ich bin – und werden, der ich sein kann

Alles Lebendige wächst

Besitze dein Leben

Ich will Freundschaft schließen mit meinen Gefühlen

Lieber das bekannte Unglück als das unbekannte Glück

Du kannst deine Wut in Stärke verwandeln

Das schöne schlechte Gewissen

Glaubst du noch, was »man« glaubt?

Kopf und Bauch genügen nicht

Rede nur, wenn du gefragt wirst, aber lebe so, daß man dich fragt!

Du bist nicht für mich verantwortlich

Ich lasse mich in kein System einbauen

Je Heft 16 bis 32 Seiten mit 6 bis 8 farbigen Fotos, DM 6,80 (Stand Januar 1994)